THE **HAPPY** TEACHER **HABITS**

11 Habits of

the **Happiest, Most Effective Teachers** on Earth

教师精力管理

让教师高效教学，学生自主学习

[美] 迈克尔 · 林辛 Michael Linsin 著

中国青年出版社
CHINA YOUTH PRESS
中青文传媒

图书在版编目（CIP）数据

教师精力管理：让教师高效教学，学生自主学习 /（美）迈克尔·林辛著；郑晓梅，胡晓夏译.
—北京：中国青年出版社，2018.1
书名原文: The Happy Teacher Habits: 11 Habits of the Happiest, Most Effective Teachers on Earth
ISBN 978-7-5153-4916-9
Ⅰ.①教… Ⅱ.①迈… ②郑… ③胡… Ⅲ.①课堂教学—教学法 Ⅳ.①G424.21
中国版本图书馆CIP数据核字（2017）第224973号

The Happy Teacher Habits：11 Habits of the Happiest, Most Effective Teachers on Earth / by Michael Linsin / ISBN: 9780692659243

教师精力管理：让教师高效教学，学生自主学习

作　　者：[美] 迈克尔·林辛
译　　者：郑晓梅　胡晓夏
责任编辑：胡莉萍
美术编辑：靳　然
出　　版：中国青年出版社
发　　行：北京中青文文化传媒有限公司
电　　话：010-65511272/65516873
公司网址：www.cyb.com.cn
购书网址：zqwts.tmall.com
印　　刷：大厂回族自治县益利印刷有限公司
版　　次：2018年1月第1版
印　　次：2023年4月第5次印刷
开　　本：787×1092　1/16
字　　数：80千字
印　　张：10
京权图字：01-2016-5858
书　　号：ISBN 978-7-5153-4916-9
定　　价：39.90元

CONTENTS

目　录

CONTENTS

第 1 章

专注关键少数

NARROW

将有限的时间与精力集中在能够取得最多成果的事情上。

你问我今年想要什么，

我会尽量说清楚，不会太过分，

我只需要一个机会，

一个可以让我们拥有更美好的时光的机会。

——选自咕咕娃娃乐队的《更美好的时光》

李杰西从小在香港长大，她一直梦想着成为一个漫画作家和艺术家。2008年，25岁的她在谷歌做产品经理，一有时间，她就喜欢研究Polyvore——一家让用户在线搭配拼接衣服的时尚网站。杰西很喜欢Polyvoer，觉得就像是DIY高科技版的纸娃娃一样。如果其他用户的风格符合她的心意，她会持续关注。

有一天，杰西突发奇想，给Polyvore的创始人之一帕夏·萨德里写了一封长长的邮件，就如何改进网站提出了非常详尽的建议。萨德里对她的建议很感兴趣，就回信请她来办公室面谈。面谈后，萨德里邀请杰西加盟。到2012年，杰西已经担任公司首席执行官。只用了短短几年时间，杰西用自己的方式诠释了二八定律，不仅彻底征服了Polyvore，而且让整个硅谷都为其折服。

二八定律是由意大利经济学家、数学家维尔佛雷德·帕累托提出的。1906年，帕累托发现，意大利20%的人口掌握了全国80%的财富。像万有引力定律一样，这种财富分配规律具有普遍性，不是设想，而是已经得到了验证。根据二八定律，80%的产出来自20%的投入。

我必须指出的是，二八定律中的百分比只是大概的估计，两个部分加起来可能并不是正好等于100%。比如，在课堂上，5%的学生可能占到了整个班级违纪行为的99%；在你住的那个社区，84%的房子可能是由27%的房地产经纪人卖出去的；你68%的时间穿的衣服可能只占到了你衣橱中衣服的19%。

二八定律又名帕累托法则，或者说是“关键少数与微不足道的大多数”，是指在各行各业，不管做任何事情，少数东西往往能够发挥最大作用。运用这个定律，可以极大地提高绩效，不管是竞技体育、商界，还是教育领域，无一例外。在20世纪50年代，管理咨询师约瑟夫·朱兰在日本制造业应用了二八定律，大获成功，到20世纪80年代，日本得以在汽车、电视等高端制造业处于领先地位，他也因此声名鹊起。

李杰西入职Polyvore后，她首先找到对公司发展最为关键的领域，决定集中发展这无数不多的几个领域，并最终做到极致。她砍掉了一些流行的功能、会分散精力的业务，把所有的资源和精力都集中在产出最高的几个关键领域。她不断简化业务，精简功能，最终只保留了20%左右的业务，而这20%正是公司成功的关键。

网站的影响力不断扩大，目前，网站月访问量超过了2000万次。自2012年起，网站开始盈利。登陆Polyvore网站，点击团队成员那一栏，你会发现，Polyvore的核心价值观之一就是“少而精”。放眼世界，其他最成功的企业，比如苹果、谷歌、推特、星巴克、伯克希尔·哈撒韦等公司，其成功的秘诀正是专注和追求卓越。

二八定律的作用并非仅限于商业和组织机构，其应用非常广泛。个人也可以利用二八定律来提高效率、生产力与成绩，艺术家、作家、律师、运动员都不例外。如果能够找到最关键、效率最高的20%，人人都可以节约时间，提高效率，简化生活。人人都可以忽略那些不必要的东西，甚至可以把它们从生活中彻底清除出去，集中精力，为了成功，为了实现自我价值而努力。同理，老师们也可以利用二八定律来减轻压力，提高对工作的满意度，提高教学质量。

找到那20%吧！你的生命将因此而改变。然而，在教学中应用二八定律面临重重困难，主要是因为教学领域有很多理念、策略和方法，有些甚至相互矛盾，让人晕头转向，找不着北。而且，教学过程复杂多变，信息量极大，很难找到影响成功的最重要的因素。此外，学校领导早就制定好了教学大纲，明确规定了教学内容和教学计划，在这种情况下，应用二八定律更是难上加难。

在20世纪90年代初，初出茅庐的我刚刚开始教课。当时，各个学区要求在阅读课上采用“全语言教育”方法，但我不太喜欢这种方法，所以，我敲开校长办公室的门，问道：“我能不能申请点经费，自己选教材，按照自己的方法来讲课。”校长很高兴地答应了。当时我的同事们都是先教学生认识常用词，然后教他们阅读，但我采取的教学方法完全不同。那个时候，人们并不反对我标新立异，甚至还鼓励我这么做。

此外，我也可以自行决定每个月上几个单元，按什么样的节奏来上课。虽然有教学大纲，但我可以自行决定授课方式，调整讲课顺序，还可以根据学生的情况，选择最适合他们的学习材料。可以说，在教学中，我说了算。我可以听从自己的本能，进行创新。我觉得学生需要休息的时候，就把课停一停。我也可以在早上先上一节艺术课，或者午后带学生走出教室，锻炼一会儿。总之，人们相信我的专业水准，相信我对学生的了解，相信我的判断力，相信我知道怎么做对学生最有益。

可如今再也没有这样的自由，那样的日子可能已经一去不复返了。该在什么时间教什么内容，都有明文规定，有详细的时间表和教学计划，甚至连板书内容都有明确的要求。月复一月，我们一直在参加各种各样的在职培训和研讨会，我们接触到越来越多的新策略、新方法和新技术，好像这些东西都很重要。但其实，你我都知道，根据二八定律，这些东西根本不可能都重要，事实上，大部分东西就算多少有点关系，也根本无关紧要。

然而，尽管早已不堪重负，我们还是样样都得做，一件都不能少。我们不断地“做加法”，承受的压力越来越大。年复一年，工作越来越繁重，事情越来越复杂，而我们却越来越困惑，似乎永远都看不到尽头。每开一次员工大会，肯定就会增加一项新流程，启动一个新项目，我们就多一份焦虑。事情一直在变，让人总觉得自己能力不足，准备不充分，慢慢地，自信消失殆尽。这样的状态非常耗费老师的心力，在成绩较差的学校，影响尤甚。

教学上的限制越来越多，我们越来越做不了主。同时，信息铺天盖地，工作职责不断加码，老师们被左右夹攻，精疲力竭。所以，老师们越来越痛恨自己的工作，痛恨因为工作牺牲了个人生活和家庭生活。教师这个行业压力大，士气低，已经是普遍现象。40%~50%的老师会在工作5年后离职，而连1年都坚持不下来的老师更是达到9.5%。

从教25年来，我从未想过会见到这么多沮丧的老师。他们劳累过度，焦虑不安，筋疲力尽。事情好像永远都做不完，学生好像更调皮捣蛋，更不尊重老师。老师们感觉自己身陷困境，无法自拔。过去当教师前途无量，可现在，这份工作却成了头上的紧箍。曾经，他们梦想着能够站在讲台上，面对学生，激励学生，而学生们表现出很强的求知欲，遵守课堂纪律，热爱学习。这样的日子一去不复返了，再有这种奢求，就太无知，太天真了。

老师们出于敬业，只能更加勤奋，这也是他们唯一能做的事情。他们起得更早，睡得更晚，在床上翻来覆去，夜不能寐，思虑着明天该怎么处理堆积如山的难题和挑战。他们只能利用晚上和周末的时间备课，改作业。他们为了信仰而战，而且得忍受由此给自己和挚爱的亲人带来的精神折磨。他们只能不断地付出。

努力是成功的关键，但不管在哪个行业，努力和成功并不成正比，到了某个临界点之后，就算再努力，也不会获得更丰厚的回报。事实上，越努力，可能结果更差。

长跑运动员都知道，一旦过了这个临界点，他们的成绩会急剧下降，伤病的可能性更高。他们会觉得心情低落，没有胃口，睡眠紊乱，焦躁不安，狂躁易怒。这还仅仅是对身体的影响，精神疲惫更可怕，很可能你早上都不想起床。

在教育行业，这个临界点来得很快，不但时间短，而且来势凶猛，可能是因为教书不像其他行业，老师得一直保持最佳状态，要精神抖擞，必须头脑清楚，耐心细致，对工作充满热情，同时，上课时必须保持心态平和，心情放松，洞察力敏锐。

就像过度训练的跑步运动员一样，一旦老师心力交瘁，他们的工作特别受影响。他们神经过度紧张，显得很不耐烦。他们也将这种压力带进课堂，害得课堂上问题不断，比十个孩子造成的麻烦还多。学生一不听话，他们就会大声训斥，所以，他们越来越不受学生待见。此外，还得注意二八定律。如果你没找到那真正关键的20%，就算做得再多，也是徒然。这就像是拼命地划桨，想让独木舟逆流而上，最终肯定寸步难行。

上初中时，我和姐姐都参加了游泳队，每周妈妈都要开车送我们去当地的游泳池训练三个晚上。教练告诉我们，我们必须用力打腿、划水，要多游几圈，胳膊在水里划水要快，以此来锻炼体力和耐力。我们也用踢水板练腿，让腿的摆动更有力，速度更快。在泳池旁边，还放着一台机器，用来增加阻力，让我们的肌肉更强壮。每次训练，我们都要在游泳池一圈又一圈地练习，一训练完，我们都累个半死。

那个时候的游泳训练都是这种模式。教练首先教你学会游泳姿势和动作，然后让你重复练习，进行肌力与体能训练。人们认为，游得越多，体格越强壮，姿势更纯熟，成绩就会越好。

泰瑞·朗琳是从纽约来的一位年轻游泳教练。他发现，有那么几个游泳运动员，虽然训练的时候不是很刻苦，但游得特别快。他们能够轻松地在水里游动，而且泳池里的水花也不大。朗琳教练就想：有没有可能让自己的学生也做到这一点呢？所以，他没有像其他教练一样，逼着学生一圈又一圈地游，而是教他们要像“天生就会游泳”那样游泳。在训练中，他注重提高游泳技巧，提高身体移动的效率。他教他们像鱼一样在水里钻来钻去，而不是拼命用身体在水里划出一条路来，这种训练方法取得了惊人的效果。

学员们训练的时间虽然缩短了，却比以前游得更快，也更省力。他发现，速度最快的游泳运动员实际上比其他运动员的划水次数少。在仔细研究世界顶级学者的研究成果后，他发现，全球最优秀的游泳运动员，体力只占到其成功因素的30%，而对于普通人，比例更低，还不到10%。

事实证明，花大量时间和精力一圈又一圈地练习游泳，这种训练方法的效率极其低下，此外，还容易受伤，引起倦怠，甚至害得很多人彻底放弃了游泳。朗琳教练就成功地利用了二八定律，他只关心怎么能让一个人更快地从泳池的一头游到另一头，他掀起了游泳训练的一场革命。以前，从泳池的一头游到另一头，不停地重复，既艰苦，又折磨人。朗琳教练却把训练变成了一大乐事，不管年龄大小，在他的教导下，运动员们都可以少出蛮力，提高成绩。

很多老师就像被压在老式游泳教练的五指山下一样，被迫不断给自己施压。虽然人们不会明说，但他们传达的信息很明确：你必须不断努力，才能取得更好的成绩。这不是真的，多做事情解决不了问题，解决之道在于少做，关键是要集中精力做好有助于提高效率、实现自我价值的那20%。而且，效率提高和自我价值的实现相辅相成。如果你热爱工作，那么你的效率自然会高，学生们更喜欢你，你讲课时更有活力，精力更加充沛，最终会形成良性循环。

在本书中，我将重新唤起你当初致力投身于教育事业的激情，带你找到能够让你快乐，助你成功的最关键的20%，并告诉你如何把这20%做到极致。剩下的80%只会徒增压力，意义不大，可以逐渐减少在那上面的投入。

我要帮你做减法，只保留最核心的部分，像那些最快乐的老师们一样，养成一些好习惯。尽管很多人逼着你更努力工作，承担更多任务，但你依然能够高效地完成工作，同时保持对教学的热爱。我会教你如何巧妙地工作，如何提高效率，同时还能够按时下班，陪伴家人和朋友，追求自己的兴趣与爱好。

我要告诉你激励学生的秘诀，让你知道如何激发起他们心中求知的欲望。我要告诉你事半功倍的要领，让你花一半的时间来备课、教课，还能吸引学生的注意力，让他们认真听讲，一个字也舍不得落下。就像朗琳教练分解游泳动作一样，我要用通俗易懂的话讲解每一条策略。

我自己曾从教多年，而且，我认识很多效率很高的优秀老师，从自己的经历和那些老师身上，我学到了很多，并最终写成了这本书。此外，有成千上万个劳累过度、不快乐的老师给我来信，他们的故事也让我深受启发。在书中，我提出了一些简单可行的办法，适用于每一个老师，不限年级，不限科目。我希望用我毕生的心血，可以再次焕发教师这个职业的荣光。

在写这本书的时候，我还遵循了一个重要原则：书中提到的所有策略必须具有时效性，能够经受得住教育、技术和教学方法变化的考验，经受得住时间的考验，同时经受得起实践的检验。不能只是我的一家之言，也不能只得到我指导过的老师的认可，这些策略还得经受得起学术研究的考验。

同时，我从全球商界、营销界、体育界、娱乐界、音乐界，以及医疗界的专家身上取了一些真经。在书中，我举了很多成功人士的例子，他们之所以取得了巨大的成功，正是因为他们采取了这些策略。

大部分内容你可能从来没有听说过，但不要沮丧。这些策略具有强大的力量，不仅可以颠覆传统的教学模式，而且在其他行业和领域也能产生重大影响。过去25年来，我就是靠这些策略，才能够坚持教书育人，并取得了不错的成绩。而且，（基本上）每一分钟对我来说都是一种享受。更重要的是，除了教学，我还可以享受生活。

卡琳娜·坎内拉克斯是达拉斯的一名交响乐助理指挥，经常到各地去做客席指挥。报社评论员总夸赞她，认为她很享受舞台。尽管她自己并没有意识到这一点，但别人总说，指挥的时候，她总是忍不住微笑。在《圣地亚哥联合论坛报》的一篇文章中，她写道："只有真正热爱音乐，才能将音乐的魅力传递给观众，才能打动人，认识到这一点非常重要。"人们通常认为，和其他职业不同，老师就应该"春蚕到死丝方尽，蜡炬成灰泪始干"。这种想法不仅荒唐至极，而且不利于学生的成长。

热爱工作并没有错。把工作做完，按点下班回家，这也没错。想利用假期好好休息一下，没有错。虽然关心学生，但在家里尽量不想他们的事，这也没错。实在不好意思，可能我说的话听起来有些刺耳，有些自私，但话糙理不糙。老师们确实天生更有爱心，更关心学生。不过总不能老把工作带回家，干活干到快吐血吧？下班后，就把上班时的烦恼抛诸脑后，才能给自己充电。这样的老师往往更快乐，效率也更高。

教书育人不但可以获得丰厚的回报，而且本应该是件快乐的事情。事情本来就应该像你投身教育时所想的那样，你不用假装热爱工作，也不用说一切都是为了学生。这本书就是要教你学会真正享受教学，教你集中精力做重要的事情，教你精益求精。

教书并不复杂，不需要高强度的工作，不需要耗费很多时间。事实上，教书很简单，工作量并不大，也可以很高效。李杰西、约瑟夫·朱兰和泰瑞·朗琳做到了！他们成功地应用了二八定律，将困难的事情变得极其简单。我真诚地相信，这本书也可以把困难的事情变简单。我邀请你翻开书，以开放的心态和我一起学习，从此彻底改变你的教育生涯。

第2章

学会拒绝

DECLINE

对教练、会议、流言蜚语等任何会让你筋疲力尽的事情说“不”。

我不知道自己身在何方，但我知道我不喜欢这里。

——选自General Public的歌曲《温存》

在我开始教书的第三年，学校所在的社区问我是否愿意做户外教育培训师。这项工作特别酷，我要带老师们到洛杉矶附近的圣盖博山里去远足，教他们在野外做实验，比如测量温度、气压、河水的流速以及漂浮着融冰的瀑布的流速。我会给老师们指出岩石的组成成分，本地生长的花草和树木，并教他们辨别动物活动的痕迹。我们在溪流中艰难地跋涉，可以直接从树上摘野果子吃，还可以躺在草地上，用心聆听大自然的声音。

我想让接受培训的老师们享受这次野外培训，因为年内，他们还要带学生们来参加同样的野外训练。我希望他们能够把自己美妙的经历和感受传递给学生。所以，在培训中，我希望他们能够像学生一样，用心体会，感受远离现代文明、投入自然怀抱的兴奋与喜悦。我的目标不仅仅是让他们自己留下终身难忘的记忆。

我知道，唯有让老师们热爱这次探险之旅，他们才能让学生有同样难忘的经历。我希望，或许，仅仅是或许，这次探险能够一下子改变他们的世界观。长达4个小时的徒步探险之后，他们一个个累得筋疲力尽，却都乐得合不拢嘴。

我喜欢做户外教育培训师。其间，我交了很多朋友，对教学更为了解，也明白了让学生全身心投入学习的重要性，同时收获了很多意外的惊喜。没多久，我就开始带着便携式天象仪在各大学校巡回讲课。我一边指着天舟座、北冕座、天鹅座、天龙座等星座，一边给学生们讲神话故事，比如南十字星座的故事、北极光的故事等。学生被我的故事深深地吸引了，尽管教室里一片漆黑，他们也一直聚精会神，根本用不着我操心。

我还教学生堆肥，给他们讲飞机飞行的原理，总之，对他们的要求，我有求必应。我去参加过天文之夜、地球日的活动，去当地的水厂实地考察。我记得在凌晨4点和学生碰面，一起观察航天飞机奋进号飞过夜空。不知不觉中，我甚至同意让一群老师观摩我讲课。我担任了学校英才教育的协调人，同时也是新进教师的导师和学生会的顾问。此外，我还参加了各种培训和研讨会。我一直马不停蹄地协调合作，深思熟虑，策划讨论。

我越来越感到痛苦，事情实在太多了，远远超出了我的承受能力，就连野外探险之旅，我也不愿意去了。每天下班回家后，我累得直接瘫在沙发上，动也不能动，有时候就睡过去了。以前，我有很多兴趣爱好，可现在我心有余而力不足，全都扔到了一边。我变得很暴躁，哪儿也不想去，什么都不想做。别人在我这里感受不到任何快乐，我甚至开始反思自己是不是选错了职业。如果当老师是这个样子，那总有一天我会精神错乱，尖叫着跑出停车场。

我的学生们也深受其害。我不像以前那样活力四射，和蔼可亲，平易近人。大约一年前，我还能和学生打成一片，但现在不行了。我总觉得自己准备不充分，讲课的时候也没有自信。之前，我讲课幽默风趣，可现在我完全没了幽默细胞。我的精力分散，而且特别不开心。

日复一日，我越来越沮丧，越来越不满，好像什么事都会让我滋生烦恼。尤其是已经不堪重负的时候，校长或社区还会突然对教师提出这样那样的新要求，让我们做这个做那个，这一点简直要把我逼疯了。听到新要求或新任务，我实在没有办法泰然处之。我已经没有任何空间、任何缓冲区，也没有耐心理会他们。表面上，我一直在微笑，假装感兴趣，但在内心深处，我对他们恨得咬牙切齿。

我勇于奉献，试图取悦每一个人，结果却事与愿违，我的生活乱了套，找不到重点，什么都干不好。我深知，如果我想坚持追求自己的梦想，做个好老师，我就必须做出改变。

某一天，近乎绝望的我终于觉醒了。我意识到，就算拒绝别人，也没什么损失，所以，我开始拒绝别人。一开始进展很缓慢，我试探性地拒绝了别人几次。慢慢地，我就能张开嘴了，拒绝的次数越来越多。我辞去了户外教育培训师的职位，后来，只要觉得会分散我投入课堂的精力，或者会妨碍我生命中最重要的东西——陪伴家人和朋友，追求兴趣爱好，我都会拒绝。而学会说“不”，正是让我找到最重要的20%的第一步，开启了我变成一名快乐、高效老师的旅程，尽管当时，我并没有意识到这一点。

如果可参加可不参加，我就不加入任何委员会，我辞掉了英才教育协调人的职位，退出了家庭作业俱乐部，放学后不再辅导学生。有人请我当篮球教练，参加戏剧表演，出席阅读研讨会，我统统都拒绝了（当然，这些活动都属于可参加可不参加的范畴）。我也不说八卦，不闲谈，不抱怨，不消极，甚至连以前比较喜欢的一些活动，我都放弃了，因为这些事最后成了一种负担。

“非常抱歉，我很想去，但我想把精力放在教课上。”

“不了，谢谢您，感谢您考虑我。”

“我觉得我不太适合。”

“不行，谢谢您。”

“嗨，早上好！很高兴见到您！我现在着急走，咱们改天再聊吧。”

“不好意思，我没有时间。”

我慢慢明白，要想结束对话，一定要直截了当，但态度一定要友好。在过去，我好像一直背负着一台两吨重的冰箱，现在终于可以把重担卸下来，我的生活又恢复了平衡。

仅仅一周后，我就解放了，我自由了！对我来说，这一刻具有革命性的意义。我根本不用大包大揽，只需要做重要的事情就行。

此后，在家里，在其他事情上，我逐渐学着拒绝别人。只要觉得没有必要，只要对我所关心的人无益，我就会说“不”。我也开始拒绝承担一些貌似必须承担的责任和义务，只集中精力做最重要的事情，做少数几件有助于我实现梦想的事情。沮丧的迷雾被掀开了，我下班越来越早，竟然有时间打打高尔夫球，看看电影，健健身，甚至有时间进行写作。我不仅重新燃起对教书育人的热爱，而且工作做得更加出色！要做好一件事，不管是工作上的事情，还是个人的事情，必须勇于拒绝，甚至要乐于拒绝。

乔布斯入主苹果后，在两年时间内，把产品数量从350个减少到了10个，员工提交的方案被他拒绝了成百上千次，“拒绝”是他的核心经营理念。脸书的首席运行官雪莉·桑德伯格能够很好地平衡工作和家庭生活，她有个小小的螺旋式笔记本，里面记录着优先级最高的事情。她拒绝碌碌无为，从来不浪费时间，不屑于保守，只专注于做能帮助公司成功的最重要的事情。

吉米·法伦刚出道的时候，拒绝了商业表演和电视节目的高薪，一心一意提高技能，只为实现他毕生的梦想，做《周末夜现场》的主持人。有人曾邀请怀特兄弟与他们合作，还有人要给他们赞助，但怀特兄弟拒绝了。这样，他们可以不受影响和干扰地工作，制造出全球首架可靠的飞行器，实现毕生的追求。克劳德·莫奈有8个孩子，但他创作了几千幅油画、素描和蜡笔画，光荷花图就多达250多幅。《战争与和平》的作者列夫·托尔斯泰有13个孩子。毫无疑问，他们肯定都是善于拒绝的专家。审视那些伟大的成功人士时，我们会发现，这个简单的举动是成功人士最重要的品质。

再回到教书上来，学会拒绝不仅是成功的秘诀，而且是成功的必要条件。只有学会拒绝，你才能不受约束，专心做重要的事情，才能提高教学效果。在后面几章，我们将一一解释。只有学会拒绝，你才能保持最佳状态，把自己最好的一面呈现给学生。只有学会拒绝，你才有充足的时间来思考和准备，你的精神才能保持最佳状态。

勇于拒绝，还有意想不到的效果。你可以缩短工作时间，早早下班回家，基本上不需要在家里加班。当然，我让你学会拒绝，并不是让你躲在屋子里，不出去交际；不是让你不理别人，撒谎说假话；也不是让你拒绝参加所有的委员会，拒绝所有的机会，我只是想让你学会选择，合理分配时间和精力——明白这一点至关重要。

然而，要想说“不”，就必须学会自律。确定优先级的时候，必须时时刻刻谨记目标。做任何事之前，都要问问自己，这件事是属于那重要的20%，能让我离幸福更近一步，还是属于那无关紧要的80%，会让我的生活乱成一团？每天都要安排好自己的工作，审视自己是否虚度了时光。

你每天忙忙碌碌，是瞎忙活，还是真有效果？你不断地制订计划，是纸上谈兵，还是落到了实处？你每天忙得团团转，是东一榔头，西一棒槌，毫无计划，还是有策略地把所有必须做的事情列出来，一项一项地完成，一项一项地划掉？和同事处好关系很重要，但和你交往的同事支持你吗？他们积极向上吗，还是很消极，只爱说八卦，把你拖垮？如果同事们和你有共同的目标和价值观，那就和他们交往吧，否则，礼貌地和他们敬而远之吧！

除非你像我一样曾经陷入绝境，否则，刚开始拒绝别人，肯定会觉得不舒服。作为老师，我们天生喜欢给予，喜欢取悦别人。我们想认为自己已经竭尽全力帮助学生、学校和社会，不想让别人失望，更不想冒犯别人。我们不想表现得粗鲁自私，事不关己高高挂起。有这种感觉很正常，但这种忧虑毫无意义。只有当我们抓住重点，主次分明，我们的效率才更高。只有当我们打起精神，没有压力，不赶时间，没有麻烦缠身，我们才能超越自己，服务他人。

你绝对想不到的是，一旦你学会拒绝，人们会更尊重你。你在场的时候，他们更有礼貌。他们更珍惜你的时间，更看重你提出的建议和看法。人们通常认为，有实力的人才有权利拒绝别人，其他人往往只能羡慕嫉妒恨。20多年前，我开始有选择性地安排自己的时间，很多人曾对我说，他们非常羡慕我的工作方式，我的课堂神圣不可侵犯，工作之余还有时间追求自己喜欢的生活。

只有学会拒绝，你才能为学生、为家庭、为你关心的人带来最大的好处。你要做的事越多，效率越低下，你越没用，别人对你的印象越不深刻。你的精力有限，注意力也有限。你可以像撒胡椒面一样，分散精力，结果工作效率低下，天天不开心，你也可以集中精力做重要的事情，真正朝着自己的目标前进，实现梦想，成就未来。不管你是谁，你做什么工作，你有几个孩子，只要掌握了拒绝的技巧，任何人的生活都可以发生翻天覆地的变化。

唯一的问题是，你必须能够坚持。如果你不坚决，一不小心，很可能会回到老路上去，别人提的任何要求都答应，再次承受巨大的压力，一点都不快乐。几年前，我创办的网站影响力不断扩大，那段时间，我不得不重温这宝贵的一课。潜意识里，我明白，网站和周报读者范围广，影响更广泛，但每次收到邮件，我依然会一封接一封地写长长的回信，详细回答读者的问题。

尽管我很喜欢给老师们提供一对一的帮助，但我心里清楚，如果想一口气吃成胖子，那就太自不量力了，我的写作质量肯定会下降。此外，我还接受了各种采访，给其他网站写文章，给其他博主提建议，为苦苦挣扎的老师们提供免费的个性化指导。这些事情我都愿意做，只不过我可以更好地利用自己的时间。这些事情太分散我的精力了，我本可以用这些时间来陪伴家人，影响更多的人，所以，我再次调整自己，开始拒绝。我不再大段大段地回信，而是选择性地回复一两条建议，有时告诉他们我随后会在文章里统一回复，有时会直接说“我太忙了，没时间”。

或许你得进行艰难的抉择，可能有些事你想做，有些事你希望你能做到，但如果那些事会妨碍你做真正重要的事情，那你可能就得拒绝了。你可能还得和一些朋友保持距离，虽然你很关心他们，但他们可能会让你分不清重点，那就不得不疏远他们。你可能还得重新评估如何花时间来真正陪伴家人，你愿意为孩子们做任何事是一回事，你为孩子的付出对他们最有利是另一回事，二者有很大区别。

我认识一些家长，他们成天开着车，送孩子们学习舞蹈，练习足球，找别的玩伴玩。一周七天，天天不闲着，安排得实在太紧凑了，家长们一个个累得筋疲力尽，一家人连坐下来一起吃顿饭的时间都没有，他们根本不会真正地相处。当然，我并不是说，课外活动没有用、不重要，我不是那个意思。我是说，并不是人人都要参加这些课外活动，而且用不着每天都去！

长期来看，可能一周去个一两天更合适。或许，你必须顶住社会压力，不让孩子报名参加游学项目和英才教育暑期项目，这样做有利于家庭生活，或许，根本用不着向别人家看齐。根据我的经验，最快乐、适应性最强的学生大多常常和家人一起享受天伦之乐，一家人一起做些简单的活动，比如下下棋、在院子里吃吃烧烤，等等。

无论你已经有5个孩子，还是还没有为人父母，你都应该腾出一定的时间锻炼身体，读书，在小区里散步，这些事应该被排在前面。一定要清楚地认识到，如果你不能保持最佳状态，如果你感觉压力山大，睡眠不足，身体不舒服，不能够给自己充电，那么你什么事也做不好。

你必须安排好自己的时间，而拒绝正是一种有效的长生不老药，可以减轻压力，让你保持健康，它也是最好的安眠药。也就是说，你得平衡自己的生活，不要什么都想尝试，只要选几个领域，深入探索，才能获得无穷的回报和成功。肯花功夫钻研技术细节的冲浪运动员，每次冲浪都是一种享受，而那些浅尝辄止的人就不行，他们的嘴里灌满了海水，累得腰酸背疼。

不断精简，只留下最必要的东西。要珍惜你的时间和精力，要勇于说“不”，不要让任何东西打乱你内心的平静，你的生活将因此而改变。

前几天，一位管理人员把我叫到她的办公室。进了办公室，她请我先坐下，在办公室踱了几步，叹了一口气，把桌上的几张纸稍微整理了一下，然后自己才坐下来。很明显，她有话要说，但是不知道该怎么开口，她还在思考。

我都觉得有点坐立不安了，这时，她开口了。一开口，便向我道歉。她说她很不好意思占用我的时间（我才坐了1分钟而已呀），很不好意思麻烦我。她还说，就算我拒绝，她也完全理解。不过，她想知道我是不是有兴趣参加……她还没说完，我就不假思索地说：“没有兴趣，谢谢您。”听到我的话，她站了起来，微笑着再次向我道歉，把我送出了门。

现在回过头看，我建议你不要像我那么着急、突兀。要是人们不了解你，他们可能会因此误解你，但因为拒绝对我来说太重要了，所以有时候，拒绝的话就脱口而出了。这个故事也说明，如果人们知道你目标坚定，那他们对你的态度也会不同。事实上，一个人一生当中真正重要的事情并不多，一旦你认定了这些事情，拒绝就没那么困难了，你压根就不用思考。你内心深知何为要紧之事，所以根本不需要斟酌，就知道该怎么办。

学会拒绝，意味着你可以慢下来，闻闻玫瑰的香气。学会拒绝，意味着你可以陪伴你挚爱的家人，培养你喜欢的兴趣爱好，追求你关心的事业。学会拒绝，意味着你获得了自由，可以灵活处理问题，专心做事。学会拒绝，意味着你可以更好地教书育人，影响学生，改变他们的人生。学会拒绝，意味着你会变得更好，更快乐。

第3章 整理教室

TIDY

干净的教室环境让学生更专注学习，取得更好的学习效果。

暴风雨中，我找到了避难所，

我的心在飞扬。

——选自希尔·亨利·塞缪尔的《神圣的爱》

在我刚当老师的那一年，有一天，一位良师益友对我说："走进任何一间教室，哪怕里面没人在，我只用几秒种的时间就能判断出他是不是个好老师。"当时，我觉得不可思议，不过，现在我明白了。从下课后教室的样子可以准确判断出一个老师的水平，效果不亚于花一个星期的时间随堂听课。

马尔科姆·格拉德威尔在其2005年出版的著作《决断2秒间》中，引述了吉安弗朗克·波切那的故事。波切那是个艺术品商人，1983年9月，他来到保罗盖蒂博物馆，要卖给他们一尊精美的大理石雕塑。雕像近7英尺高（约2.13米），刻画的是位年轻男子，他的胳膊垂在身体两侧，一条腿迈出去。波切那声称雕塑是公元前6世纪的作品，开口就要价近1000万美元。同时代的石雕大多破损得严重，通常已经成了碎片，但这尊雕塑完好无损。博物馆虽然有兴趣收藏，但还是坚持先做慎重调查。

博物馆把雕塑留下来，花了好几个月的时间追踪雕塑的来源。他们找了很多科学家，对雕塑表面做了详细的实验和分析。他们提取了岩芯样品，使用了X光以及最先进的技术和设备来判断真伪。经过长达14个月的调查，保罗盖蒂博物馆决定收藏这尊希腊雕塑。1986年，雕塑首次展出。

展出后，许多著名的艺术史学家和专家得以一睹雕塑的真容。他们总觉得雕塑不对劲，但又说不上哪有问题。凭多年经验，他们能感觉到这是件赝品。随着时间的流逝，相关材料逐渐浮出水面，博物馆最终断定，雕塑根本就不是什么稀世珍品，而是一两年前从罗马车间搬出来的赝品。

通过多年的学习和研究，我们逐渐积累了经验，就会形成直觉。事实证明，我们的直觉可能非常准确。20多年前，我的那位良师益友随口说出那句话的时候，我当时并没有意识到，她的观察是多么精准犀利呀！我现在每天写关于教书育人和课堂管理的书，其实大多是把我的直觉写下来，然后分解成具体的步骤，便于读者应用。

如果看到某位老师犯错，我必须搞清楚他究竟犯了什么错，他为什么犯错，并找到纠正的方法。所以，虽然同意那位导师的话，但我觉得一定要找出空荡荡的教室里到底有什么魔力，我们凭什么能够判断出这位老师的水平，同时还要搞清楚如何复制成功的模式。

直到我成为教育专家，一周见一两组学生，一组学生见面时间为一小时，我才能够真正深入观察，了解老师们犯错的原因或成功之道。以前在教室里讲课时，我的目标只有一个，即观察学生的行为，看他们对我的策略做何反应。我不断调整方法，完善课堂管理体系，直到学生们在课堂上安静守纪，课堂效率高。不管在哪个学区，也不管面对哪些学生，这套课堂管理体系都行之有效。以前，我也能够帮助其他老师提高教学水平，杜绝课堂上的违纪行为。直到我做了教育专家后，我才能够真正观察、分析教师的行为，理解他们为什么犯错，以及这些错误可能产生的影响。

我慢慢地开始理解老师，了解他们的脾性以及学生的反应，而每个星期不同班级的学生来我这上课的时候最有意思，仔细观察他们非常有用。我发现，从学生们的一举一动、说话方式、听讲情况、成熟度和学习习惯，都能看出课堂情况，甚至好像都能看出他们老师的个性，不管是好的一面，还是不好的一面。我觉得观察学生特别有意思，我写的很多书和博客文章都取材于此。

当然，我也热衷走进课堂听课、观察学生。老师不同，讲课风格不同，课堂管理策略不同，老师的个性不同，学生们如何回应？师生如何互动？我也借此观察老师，他们怎么对待调皮捣蛋的学生？怎么讲课？怎么帮助学生？怎么指导常规的学习任务？

尽管我走进课堂观察的时间不长，但每次走进课堂，我都能发现一个规律。最优秀、最快乐、最自信的老师，教室里往往没有乱七八糟的东西。事实上，基本上来说，教室越整洁，老师的效率越高。当然，肯定有例外存在，不过绝对少之又少。我自己只认识这么一位老师，她的教室很乱，效率却出奇的高。

卡罗尔和我共事很多年，我们俩的教室就隔着一个楼道。她的柜子上堆着十几个箱子，里面装满了旧东西，所有的桌子上基本都摆满了各种实验设备、小玩意儿和学生的作业。在她的讲桌上，堆着一大摞书本、纸张和日常用品，学生的课桌上也堆得满满的。一走进她的教室，我就浑身起鸡皮疙瘩。

但她讲课非常精彩，很有创意，让人不得不心生佩服。如果没当老师，她肯定是百老汇的杰出演员。她又唱又跳又表演，几乎一整天都不停歇。虽然她不具备所谓成功老师的特性，但有她这个人就够了。然而对于其他人来说，要想成功，就必须扔掉乱七八糟的东西，保持干净整洁的学习环境。这样做有很多原因，其中最重要的原因是：混乱无序会对孩子们造成不利影响。

2006年，萨塞克斯大学进行了一项调查，研究显示，干净整洁明显会让一个人品行端正。想一想确实有道理，如果学生看到周围一片混乱，那他们的行为举止也没什么规矩。肮脏混乱的环境会制造压力，影响学生的生活质量，让他们没有安全感。他们可能觉得，反正没有人在乎。根据美国儿科学会的调查，从父母的教育方法上能够看出孩子们会不会有坏习惯，但家里是否凌乱的预测性更为准确。如果教室乱成一团，学生就不能集中注意力专心听讲。《神经科学杂志》曾在2011年发表了一项研究，结果表明，看到的东西太多，孩子的专注力就会受影响，学习速度变慢，处理信息的能力受限，而且会紧张易怒。

根据观察，我发现，杂乱无章的教室最大的危害在于它会让学生过于兴奋。学生们焦虑不安，好像根本就不能踏踏实实地坐下来。一走进教室，你就能感到一股压力。老师们已经习以为常了，可能以为教书本来就是这样，根本就发现不了任何异样，实际上并不是这样的。如果教室里有压力，那说明学习很痛苦，学生们很不开心。如果学生本身就想破坏课堂纪律，或者本身就没法集中注意力，那他们就越痛苦挣扎。要帮助他们，通常最有效的办法就是清理学习环境。

教室不整洁，老师也会受到影响，不能集中精力教书，不能尽心尽力完成自己的职能。假设柜子里满满当当，箱子堆在角落里，墙上贴的艺术作品都发黄了，桌子上堆满了纸和材料，双肩包乱丢在地上，这些东西都会分散老师的注意力，就好像教室里凭空多了10个学生一样。大脑根本接收不了这么多信息，不能把无关紧要的信息剔除出去，大脑就会不断受到刺激，精神持续紧张，老师就无法保持最佳状态，不能激励学生努力学习。这种状态下，你会觉得自己管不住学生，对教学没有把握。

最近的一个周一早上，我走进一个朋友的教室，和他聊聊周末的大学足球联赛。我们常常在周一早上聊几句，吐槽母校足球队在比赛中的表现。他的教室一尘不染，甚至简朴得有些洁癖。要是放些书架，教室看起来就像个法学图书馆。他把脚搭在空桌子上，正在读今天准备给学生介绍的短篇故事。他看起来虽然有点累，但很放松，而且一点儿也不着急。我们聊得比平常久了点，学生们陆陆续续地进了教室，把自己的书包挂在教室后面墙上的钉子上。我朋友没有多说话，只是在黑板上写下了要完成的任务，学生们挂完书包就开始学习，他们也很放松，一举一动看起来都目标明确，他们看上去状态舒服，但都非常专心。

和朋友挥手告别后，我路过了旁边的一间教室，二者形成了鲜明的对比。学生的喊叫声震耳欲聋，他们把东西咣咣地往桌上扔，整个教室乱成一锅粥，学生像是一群没有蜂蜜果腹的蜜蜂。老师已经疲惫不堪，但还在试图让学生们安静下来，收起心来学习。当然，导致教室混乱的原因很多，但像这位老师的情况，最重要的原因就是：学生每天走进教室后，看到的就是乱糟糟的一片，他们的直观感受就是杂乱无章。这才是星期一早上，学生们就已经狂躁不安，分分钟会违反课堂纪律。从早上上课铃响开始，这位老师就麻烦不断。

老师们大多觉得自己已经够整洁了，虽然还有可改善之处，不过，教室肯定不能说是乱。但关键在于，教学效果最好的老师往往很执着，他们一定要让教室有条不紊、一丝不苟才行。走进教室后，视觉上会觉得很舒服，很平静，就连紧闭的柜子和抽屉里也整齐有序，东西很好找。这不单单反映出这个老师的个人风格和喜好，保持教室干净整洁会直接影响老师的专注力，这种影响非常惊人。同时，保持教室干净整洁还可以节约时间，缓解压力，抚慰受伤破碎的心灵，帮助教师重拾自信。

那为什么大家不整理、清洁教室呢？原因很简单，人们通常要实践之后，才能亲身感受到其惊人的效果。老师们会觉得自己和以前有天壤之别，更加放松，对课堂更有控制力。干净整洁的教室对学生的影响也会让人大吃一惊，每个人走进教室，都会对此称赞有加。他们这么说，是对老师怀抱着极高的期望，充满了崇敬与敬佩。身处这样的教室，人们必然深受鼓舞，更加积极向上。

但首先必须行动起来。一般来说，先要把一大堆无用的东西和设备扔掉或者捐赠出去。清理一间教室一般得花一两天的时间，很多老师之所以没能迅速采取行动，是因为他们有些思想障碍。

布列·拉姆曾在《大西洋月刊》上发表过一篇文章。在文中，他写道，人们不把生活中乱七八糟的东西清理掉，主要是因为他们逾越不了三个障碍。这三个障碍都有一定的经济学基础，尤其适用于那些爱攒东西却舍不得扔的老师们。

第一个障碍是沉迷于成本误区。一旦投入了一定的时间或金钱，如果不用，你会觉得太浪费。比如，你花了6美元在网上下载了一部电影，看了一个小时后，发现自己不喜欢它，但是，因为你已经投资了，而且这笔钱无法收回，所以，你很可能看完整部电影。合理的做法应该是关掉电影，以避免进一步损失，不过你还是会坚持看完。

这种想法很普遍，老师们守着一大堆破东西不肯放手就是这个原因。东西是学校几年前给学生买的或做的，甚至有些还是你亲自经手的，尽管已经过去好几年了，东西也没什么用了，但还是很难下定决心扔掉。也许你根本不打算再用这些东西，它们也的确一文不值，但你就是觉得不该扔。

我见过很多老师为了一些和课程无关的东西左右为难。有些东西是已经退休多年的老教师传下来的，他们还死守着不放。我发现有个好办法可以避免内心挣扎，把学校买的东西交回给负责教学资源的老师、管理者、副校长或者负责给教师分发教学材料的领导，告诉他们，这些东西你不用了。让他们决定是还回去，捐出去，扔掉，还是再分给可能还会用到这些东西的人。这是他们职责所在，所以不要不好意思。这样的话，你肯定会如释重负，没有浪费资源的罪恶感，同时，还可以把教室的空间腾出来。你会发现，很多东西都能这样处理。

第二个障碍是现状偏见。人们如果想不到很好的理由把东西扔掉，就倾向于先留着，等以后再说。如果一盒旧材料在教室里放了很长时间，写着些艺术项目创意，一旦你已经习惯了这盒材料的存在，就会一直保留这个盒子。从某种意义上来说，你会想还是留着吧，万一哪天用得上呢，这样你会放心很多。把东西留着确实可以备不时之需，但我们根本没有意识到，这些东西给我们带来了巨大的精神压力，让我们思维混乱，心理负担沉重，只有摆脱这些东西，我们才能真正如释重负。

在《怦然心动的人生整理魔法》一书中，日本家政女皇近藤麻理惠强调说，处理这类东西时，除非有非常充分的理由非留不可，否则当时就扔掉。如果能够彻底颠覆维持现状的思维模式，换个角度看问题，那么处理这些累赘之物就容易多了。慢慢地，你就养成了新习惯：如果拿不准，就坚决扔掉。

最后一个障碍就是荒唐的预测。有些东西人们永远都用不到，但还是不肯扔，就是因为他们总觉得或许哪天能派上用场。然而，研究表明，人们对未来的预测很不准确。教室里有三分之二甚至更多的东西，老师们大多一辈子都用不上，这也再一次验证了二八定律。

人们对未来的预测不准确，是因为人们通常认为自己的东西更有价值，很多研究证实了这一点。要跳出这种思维模式，近藤麻理惠建议，不要考虑该扔哪些东西，只考虑该保留哪些东西。要问问自己，以后到底会不会用到，此外，还要看这件东西对你自己、对学生、对学习是否有积极的作用。如果答案是否定的，那就果断地扔掉。多年来，我上课用的东西极少，但我敢说，扔掉那么多东西，我从来没有后悔过。我知道，在紧要关头，我可以从同事那儿借，当然，他们需要时也会向我借。

改造教室最好一蹴而就，选个周六，或者如果你是在暑假读这本书的话，找上一天，花上几个小时，不干别的，专心整理教室。你可能会想找家里人帮忙，不过最好还是你自己收拾，这样更容易进行抉择。可以请爱人或者朋友晚些时候来办公室，帮你把不要的东西拖出去。从办公桌开始，慢慢整理，逐渐整理完整个房间。先把最重要的东西收起来，这样你就没有后顾之忧，可以放心收拾剩下的东西。

不必考虑得太久，跟着直觉走就可以。有些东西你自己用不着，但觉得可能对别人有用，那就放在房间中央，否则直接放在结实的编织袋里。东西可以分两堆放，一堆是学校买的，你得给学校的相关负责人送过去，另一堆是你自己买的，你可以自己决定是捐献，还是送给其他老师。想一想这些纸堆不用再积灰，可以在其他人手里发挥余热，会让这个过程没那么痛苦。其实，一旦你开始整理，就会越做越精神，你越来越清楚什么该扔，什么该留。

等把教室里的东西精简到极致，你就可以考虑改善教室的外观了。要做到这一点，老师大多要彻底改变思维模式才行。大家都想让自己的教室引人注目，但是，如果给教室添置太多的沙发、懒人椅、地灯，装饰过多，那教室就又乱了。教室布置应该有针对性，注意细节，能够激发学生做出无可挑剔的行为，东西能不放就不放。学生不在的时候，教室看起来应该简简单单，清清爽爽，甚至要简陋朴素。布置教室的时候，要参考博物馆的展览室，而不要参考街角的星巴克。

教室里腾出的空间越大，学生越有活力。教室环境应该像战鼓一般，日复一日，不停督促学生追求卓越。如果教室条理有序，那么，学生知道自己必须认真听讲，必须有礼貌。有条理的教室能让人平静专注，身心愉悦。

当然，你可以在墙上贴鲜艳的海报，挂漂亮的艺术品，窗台上也可以摆放科技作品，但这些东西必须摆得整整齐齐，不能发黄褪色，不能卷得不成形。当然你一定要牢记，想让教室里充满活力，不在于教室里的摆设，而在于你是否魅力四射，激情似火，幽默风趣，在于你的学生是否开心快乐，学习是否有效率。

本杰明·富兰克林曾经说过，收拾一分钟，节约一小时。这个真理不言自明，不仅适用于时间管理，而且有其他好处。作为一个老师，整理教室是最好的决定。

不管你已经教了多少年的书，把乱七八糟的东西清理出去，让教室变得干净整洁，都会产生深远的影响。花上几个小时翻箱倒柜，仔细筛选，把有用的和没用的东西分开，你可以释放自己的压力，掌控课堂，绝对物有所值。收拾教室后，效果立竿见影。你以前肯定不知道自己竟然背负着如此沉重的负担，现在一下子就轻松了。你肯定会情不自禁地微笑，你会脱胎换骨，觉得自己无所不能。

不过，最大的回报还在后面。当学生们周一早上走进教室时，他们会蹑手蹑脚，眼睛睁大，非常惊讶。他们明显比以前更平静，更尊重你，尊重彼此，尊重知识。他们能够更畅快地呼吸，更想坐在座位上安心学习，这种情况自上学以来从来没有过。等你开口说话的时候，他们会认真听讲，因为他们所处的环境终于配得上你所说的话了！

第4章 正确激励学生

INSPIRE

摒弃奖励措施，营造让学生主动学习的积极课堂环境。

要让心中的火焰燃烧，

来吧，让我们像个孩子一样梦想。

——选自布鲁斯·斯普林斯汀的《像孩子一样梦想》

当老师后没多久，我就开始怀疑给学生奖励和激励究竟有没有用。当时，我一直在用李·坎特老得掉牙的方法。每次学生表现好时，比如规规矩矩地进教室，在教室里安静地走动，或者完成常规的任务，我就在一个大罐子里扔一颗口香糖。

口香糖掉到罐子里，碰到玻璃底的时候，会发出“叮”的一声，听到声音，学生们就知道自己表现很好。我告诉他们，等罐子满了，我们会举行一个聚会，庆祝一番，所以这对学生好像很管用。这一招是我不久前参加教学培训时学到的，虽然很多老师都这么做，而且事实证明确实有效，不过，我总觉得怪怪的，这样做似乎有损学生的人格。我觉得自己像是动物园的驯兽师，只要学生乖乖听话，就给他们喝点蜂蜜水。尽管如此，我并没有弃之不用，因为这个办法至少当时对学生挺管用的。

一直以来，我都喜欢观察人类的行为。在孩童时，我就像个怪胎似的，在课堂上总盯着别人看，因此还不得不向别人道歉，不过，我真的只是好奇而已。我想知道人们为什么会做出这样或那样的行为，外力会对一个人的行为有着怎样的影响。所以，我在大学选择了心理学，毕业后选择当了老师。我下定决心，在头一年，我一定要检验曾经用过的每一种方法，而且以后也永不松懈。我不断观察、记录，调整教学方式，直到找出能够经受得住时间考验，而且适合大部分学生的策略和方法。

同时，我也不断探索，想找到对学生最有利、有助于学生长远成功的教学方法。所以，在头几个星期，我一边往大玻璃罐子里扔口香糖，一边观察学生的反应。刚开始，学生们很兴奋，但很快就没了新鲜感，这个办法失去了作用。我之前承诺要举办派对，但好像遥不可及，难以持续激励学生。

我也觉得这个办法很无聊，所以，有一天，我心血来潮，站在5英尺远（约1.5米）的地方往罐子里扔口香糖。我还没有扔，几个学生就把手高高举过头顶，口香糖要是扔进去了，他们就把手放下来，喊道："哇！"有个学生在电视上看篮球比赛的时候见过这种玩法。我觉得挺有意思的，就让大家都加入进来。很快，在我扔口香糖之前，全班同学都会站起来，高举着双手，期待着我的"投篮"。

然后我又退后了几步，和学生说，如果我能扔进去，就再扔一颗，这样一来，学生们更兴奋了。每天，我们都要休息几次，往罐子里扔口香糖，每一次，学生们都显得迫不及待。

这时候，我才明白，学生愿意听我的话，愿意遵守课堂纪律，并不是因为他们想得到奖赏。他们之所以感兴趣，之所以有动力，是因为我们一起玩得很开心，所以，奖赏不重要，过程才重要。最终，我彻底抛弃了扔口香糖的做法。不过，在那之前，我已经把这个游戏提升到了更高一级的层次。因为学生又慢慢失去了兴趣，所以，我把扔口香糖的次数减少到一周一次，而且是从教室的另一头往罐子里扔。我承诺，如果扔进去了，我们就自己开一个派对。老实说，我觉得自己根本就扔不进去。

结果，学生们都不愿意错过每周五下午的活动。如果有学生必须去参加演讲，收集资料，或者参加其他活动，他们会求我等他们回来以后再投。等我站在教室后面，所有学生都会站起来，举起双手，又蹦又跳。其他班的老师和学生觉得很奇怪，总问我们："你们在干什么，怎么这么吵？"就连校长、其他同事和家长也都跑来看。

有一天，不可思议的事情发生了！我竟然把一颗口香糖扔了进去！小小的口香糖竟然从10米多远的地方被扔进去了。口香糖先在罐子上面转了一下，然后撞在了罐子边上，最后掉了进去，整个教室都沸腾了。我跪在地上，仿佛是网球运动员赢得了温网比赛一般。我们击掌欢呼，又蹦又跳，庆祝了好长时间。

在接下来的几年时间里，我又尝试过各种奖励措施，有些现在还很流行。比如说，奖品盒、代金币、奖励贴纸、橡皮熊、放假奖励等。我还试过签订行为合同，奖励免写作业金牌等。如果"无意"发现学生很听话，我还会给他们发月度奖。但是，我慢慢地把这些奖励措施都舍弃了。我觉得，各种奖励不仅让有些学生厌烦，而且效果不长久，远不如形成一定的课堂文化，鼓励学生自觉上进效果好。

在教育界工作25年来，我现在无比坚定地认为：学生表现好就给他们奖励对学生是有害的，老师更难维持课堂秩序。反过来说，如果已经营造了良好的学习环境，激发学生主动学习，把学习当作对自己的内在奖赏，那么效果更好，学习更有趣，而且压力要小得多。

把外在奖励弃之不用，与当今大多数学校的做法完全是背道而驰的，不过，自20世纪40年代以来，很多研究已经提供了有力的证明。丹尼尔·平克在《驱动力》一书中，概述了此领域最重要的研究成果，而且提出了非常有力的证据。

然而，放眼全球，很多学校依然在极力鼓吹外在的奖励。他们用奖励、奖赏，以及一些不值钱的东西来刺激学生，让他们遵守学校纪律，好好学习。貌似这种做法越来越流行，比如，越来越多的学校开始施行代金币制度以及其他奖励计划。如果你参加教育培训，肯定会有人声称，这些奖励计划有据可循，已经被科学研究所证实。他们并没有撒谎，不过，他们也没有完整地告诉你研究的真正内容。

研究表明，奖励确实可以激励学生乖乖听话，但这样做有严重的弊端和缺陷。最关键的问题是，各种奖励就算不会让学生彻底丧失内在的动力，也会有所削弱。如果学生遵守纪律，专心学习，就给学生加分或者奖励，你其实是告诉他们，做个自律、有礼貌、友善的人是份“差事”，应该取得一定的报酬。做正确的事情，竟然被贴上了价签，这就彻底把其固有的价值扼杀了。

从长远来看，奖励往往会适得其反，甚至会催生作弊、走捷径等不道德的行为。而且，随着时间的流逝，学生会越来越觉得无聊，慢慢失去兴趣，奖励的效果会越来越差，所以，你还得不断加大筹码。

例如，学生们做小组项目的时候，如果他们精诚合作，顺利做完项目，你就给他们奖励几个代金币或者积分，那么你虽然确实激励学生完成了项目，但你也同时剥夺了做项目本身的乐趣。学生会以为，做项目不过是为了拿奖赏，和同学合作，创造出独特作品的乐趣早已被抛到了脑后。如果以后还想让学生们合作做项目，你就得不断提高奖励，否则他们就没有动力。因为你让项目本身失去了价值，所以学生根本不可能全身心地投入。他们不可能仅仅为了作业本身的乐趣和挑战而忘我地投入工作，进而忘记时间的流逝，他们达不到这种境界。

学习自然也深受其害。学习变成了紧箍，学生恨不得赶快摘掉才开心。他们会有一种虚无感，渴望做些更真实、更有意义的事情，哪怕是捣乱都行。根据我的观察，如果给学生提供奖励，作为他们学习的回报，他们表面看起来很高兴，也很喜欢奖品，但在内心深处，他们经常会觉得特别失望，那些一开始就喜欢学习的学生尤为如此，他们的努力变得不值钱了。如果仔细观察，你会发现，有些学生会恳切地望着你，好像在对我们说："请不要给我的快乐标价，我的快乐不是商品。"

不管是鼓励学生热爱学习，更积极地参与小组讨论，还是更加尊重彼此，只要你的要求本身具有价值，那就永远不要奖赏学生，否则你可能白费心血。本来很诱人、大有裨益的事情最后变成了苦差事，学生做这些事情的时候也会觉得索然无味。

在学校，只有在请学生帮你做不用脑子的机械工作时，给学生奖赏才合适。比如请学生帮你订试卷，或者整理图书等。这些事情本身没有价值，所以，给帮忙的学生奖励一个贴纸，或是奖励块橡皮没什么害处，反倒确实可以激励学生主动帮忙。如果你想鼓励学生做有意义的事情，那么，提供奖赏是最差的一招。大量研究表明，奖赏不利于形成热切的学习环境，而只有在这样的学习环境中，学生才能够茁壮成长。

一旦老师们在教室里放弃奖励，不再用“你这样做才能得到……”的话诱惑学生，他们自己也会如释重负。他们不用再想着去“操纵”学生，让他们听话；不用考虑该买什么奖品，该怎么用；不用一直做记录，还得老担心是不是该给谁奖励了；不用老听没得到奖励的学生抱怨；也不用违背本心，做自己根本就不认可的事情。

把奖励从教室清除出去，也会改变你的教学方法。你不用操心要点燃每个学生的学习热情，只需要营造良好的学习环境，让每位学生都能参与其中，并从中受益。你的人格、魅力、领导力将从幕后走到前台，你会更有活力，更有感召力，对学生更有吸引力，学生更愿意接近你，了解你，走进教室的时候，你也会觉得更自在。

发生上述变化是自然而然的事情。在教室里不使用奖赏还会有其他意想不到的收获，学生们的内在动力会随之迸发而出。只要不给学生奖励，哪怕没有采取其他辅助措施，你也会变得更开心，教学效果更好。然而，如果你愿意多做一件事，那么就可以使效果最大化，你就可以实现自己的愿望，把学生改造成为独立自主、行为端正的个体。

2007年1月12日早上7点51分，小提琴家约书亚·贝尔走到华盛顿区郎方广场的地铁站，这里有好几条地铁线交会，人们乘地铁可以横穿或环绕整座城市。约书亚·贝尔拿出一把小提琴，开始演奏。在接下来的43分钟内，有1000多人从他身边走过。几个人在他脚下的琴盒里扔了一两美元，但大部分人只是匆匆走过，赶着去上班，都没有多看一眼，只有7个人的停留时间超过了1分钟。音乐人在那一带的地铁站和巴士点开了很多家店，大多门可罗雀，所以，没人注意贝尔，一点儿都不奇怪。

但贝尔不是普普通通的音乐家，他是当代最伟大的小提琴家。从美国卡内基大厅到法国爱乐音乐厅，贝尔大师级的演出票总是供不应求。他魔性的演奏技巧和激情，对作品的高雅解读，使他每次演奏杰出的音乐作品时，都会产生神奇的效果。那天早上，贝尔先后演奏了巴赫的《恰空舞曲》(此杰作长达15分钟，以其演奏难度而“臭名昭著”)、舒伯特的《圣母颂》、庞塞的《小星星》、儒勒·马斯内的一个短曲与巴赫的《嘉禾舞曲》(嘉禾舞的配乐)，最后，贝尔又演奏了一遍《恰空舞曲》。

39岁的贝尔之所以在地铁站演奏，是因为他参加了《华盛顿邮报》发起的一项情景实验，为了搞清楚：美是不是一定会超越平凡？人们在这种极其不可能听到伟大艺术作品的地方是否可以识货？那天，贝尔在郎方广场地铁站演奏的时候，穿着T恤衫、牛仔裤，戴着棒球帽。贝尔拉了一首又一首，答案越来越清晰。虽然答案是否定的，但这项实验还是挺有趣的。

根据《华盛顿邮报》作者金·魏嘉顿的描述，家长拉着孩子经过的时候，每个孩子从进去地铁站大厅开始，一直会盯着贝尔看。那几个停下来的人，基本上都是走过去，又折回来。一位名叫吉川的女士在贝尔演奏快结束的时候认出了他，她站在大约10英尺(大约3米远)的地方，看着贝尔拉完最后几个音符。约翰·大卫·莫滕森靠在墙上听了几分钟，然后就坐车上班去了。他说，虽然他不是很喜欢古典音乐，但纽约地铁里这个戴纽约大都会棒球队球帽的人的琴声让他觉得很平静。莫滕森的耳朵很敏锐，弥补了他对曲目的不熟悉。待的时间最长的人是约翰·皮纳雷洛。

皮纳雷洛并没有认出贝尔，但他被音乐水准深深地打动了，他甚至故意往远处走了几步，就害怕会打扰贝尔。他觉得很奇怪，别人怎么没有注意到贝尔高超的音乐呢？他们怎么没有被贝尔高超的演奏所折服呢？这并不奇怪。约翰·皮纳雷洛自己就是古典音乐的狂热爱好者。在孩提时，他就学过小提琴，而且一度梦想成为一名演奏家。听到贝尔的音乐，他知道自己正在听一位天才的演奏。他之所以能够欣赏音乐，被音乐所感动，是因为他一直都在听古典音乐，已经具备了相关的背景知识。

这1000来个通勤人员在地铁站对贝尔视而不见，但如果哪天给他们一人发一张两百美元的票，用豪华轿车接他们去肯尼迪中心，坐在7支巨大的水晶枝型吊灯和顶棚音响下，欣赏贝尔在乐队前演奏，那么，他们的反应可能和皮纳雷洛一样。要欣赏贝尔的高水平演奏，就要置身于那样的场景中，听众才更有心境。

但是，当贝尔站在普普通通的地铁站的垃圾箱旁边，他所处的环境不合适，所以这些通勤人员就需要别人的指点。他们需要像皮纳雷洛这样热爱古典音乐的人来教导他们，给他们提供一定的语境。只有那样，他们才能停下来，欣赏贝尔的演奏，才能开启对古典音乐的热爱之旅。

很多时候，学生也和上班族们一样，在课堂上“身在曹营心在汉”，总是走神。他们觉得无所事事，坐立不安，随时都可能捣乱，所以，他们迫切想要找到学习的动力。如果你这时用奖赏来贿赂他们，诱惑他们专心学习，那么，不仅说明你是个懒老师，而且他们也更加认识不到学习的内在价值。学生根本不可能全身心投入学习，当然也没兴趣听课了。

作为老师，最重要的事情就是向学生提供语境，要让课堂变得有深度，有意义，有活力，要指出学习中有趣、可爱、不幸、美丽、心碎的地方，要引导学生关心讲授的课程，给学生讲授背景知识、历史事实、细节等，让话题更饱满，让学生爱上学习。

如果约书亚·贝尔那天给每个路人20美元，让他们停下来听他演奏，那听众肯定很多。但如果付钱，本来是千载难逢的好机会，现在却变成了应尽的义务。对待学生也是一样，如果你用奖励来贿赂他们，就会毁掉学习本身的乐趣。你本来想努力把教室变成学生神往之所，结果却事与愿违。相反，如果你不用任何奖励，集中精力，让学生沉浸在学习中，那么，你就会把他们变成积极主动、有上进心的好学生。

这种有趣的教育方法可以简化教学，只留下最核心的内容。你终于可以用自己的方式从事梦寐以求的工作，你终于可以自由自在地把自己的全部热情投入教学中，给学生讲述与课程内容相关的知识、典籍和故事，学生会迷上你讲的课。假设你当时在华盛顿特区中心的地铁站，你就可以说："站住！他是约书亚·贝尔，他的演奏惊为天人，让我告诉你原因吧。"从上课铃响一直到下课为止，你的课会一直引人入胜。

当然，我不是不让你在班里举行派对，也不是不让你给学生发贴纸，提前下课，在星期五下午举行跳舞比赛。我只是不让你把这些活动和某些学生的良好表现联系在一起，只是想让你把所有人都包括进来。你的目的应该很单纯：让课堂更有趣，让学生更有收获。此外，你还可以施展自己的幽默风趣和个性魅力，让学生每天高高兴兴地来上课，满怀期待地来学习。

为课程提供背景知识，营造活泼有趣的课堂氛围，这二者相结合，才能激发学生内在的动力，让学生好好学习（我们在下面几章将学习如何组织、讲授课程）。二者结合得越紧密，学生在毕业的时候进步就越大，学生才会热爱学习，老师才会热爱教书。

在我认识的老师中，大多数人都会越来越讨厌使用大量奖励来激励学生。使用奖励不但让他们头疼，而且让他们觉得自己像个骗子，太喜欢控制别人。各种奖励让老师们疲惫不堪，他们迫切希望能找到其他替代方法。

为了让学生遵守纪律，学习取得进步，就给学生奖励，短期内会有一定的效果，但最终会让学习丧失灵魂。学习变成冷冰冰的交易，赤裸裸的贿赂，只为换来学生假惺惺的表演，一切都是虚假的。学生并不是为了学习而学习，学生并没有真的学进去，他们只不过想得到一些自由时间，希望可以在身上刻上能洗掉的文身，希望得到橡胶腕带罢了。

你肯定害怕在课堂上彻底抛弃奖励。站在学生面前，除了想法和故事，你再没有其他筹码，在你的从教生涯中，这绝对是第一次，自然会令你望而生畏，不过同样，也很振奋人心。这将成为你事业的转折点，赋予你信念的力量，在你手中播下小小的种子，最终长出灵感的果实。

从你摒弃代金币等奖励措施的那一刻起，教学终于成为主角，走到了舞台中央。每天，我们像魔术师一样，用背景知识把学生们打扮起来，给他们穿上华丽的燕尾服和耀眼的裙子。我们慢慢走过华美的大厅，向他们介绍装饰精美的楼梯和镀金的装饰。我带他们走过富丽堂皇的剧场通道，坐到巨大剧场的前排位置上。

然后，幕布终于拉开了……

第5章

即兴发挥

IMPROVISE

运用即兴发挥向学生展示教学的魅力。

听上去很简单，但我怀疑，有多少人能够真正明白

具有即兴发挥天赋的重要性。

——选自泰拉·萨普的《创造性的习惯》

1911年10月24日，罗伯特·费尔肯·斯科特带领探险队从位于南极洲的埃文斯海角出发，朝着地球的最南端进发，他们想成为抵达南极的第一人。

几个月来，探险队艰苦卓绝地跋涉前进。1912年1月9日，探险队打破了南极探险的传奇人物欧内斯特·沙克尔顿保持的纪录，抵达了所谓的“地球最南端”，队员们深受鼓舞。7天之后，在距离目标仅仅15英里（约24公里）的地方，他们发现远处飘着一面黑色旗子。第2天，他们终于抵达了南极，但令他们大失所望的是，挪威探险家罗尔德·阿蒙森已经先行一步抵达南极（他也是抵达北极的第一人）。探险队士气低落，他们仅仅拍了几张照片，就起程返回。整整两个月，探险队员备受伤冻、疲惫和饥饿的折磨，最后，5个人还是死在了帐篷里。当时，他们距离安全之地只有11英里（约17.7公里）远，此次壮举最终以悲剧告终。

20世纪，无数科研人员仔细研究了各种文字记载和通信记录，想搞清楚为什么斯科特的探险队被严酷的环境压垮了，而阿蒙森的团队

却能完成探险，平安归来，而且所有成员的身体状况都还不错。世人先后写了几十本书，发表了几百篇文章。诚然，斯科特确实坏运连连，但大部分人将失败归咎于斯科特，认为他犯了无数个错误，比如，他没有选好队友，而且过于依赖未经证实的科学技术。

很多人认为从斯科特身上，我们能够看出计划不周全的严重后果。然而，实际上斯科特并不是没有做计划，为了此次探险，他花了好几年的时间来计划、筹备，而且他有丰富的极地探险经验，只不过，他的计划不适合此次探险。他低估了设备专家和导航专家在团队中的重要性，他过于强调此次探险的科学性，所以一路走一路收集样本，拖慢了进程。最重要的是，他盲目相信人的体力和耐力，没有用狗拉雪橇，完全靠人来拉东西。此次探险挑战重重，他的计划不够周全，根本无法应对艰巨的任务。

阿蒙森恰恰相反，为了探险，他筹备得当。他的团队中没有科学家，只有专业滑雪者，他们深谙导航之术和器械维修。从头到尾，他都依靠雪橇犬来运送物资。最重要的是，阿蒙森此次探险只有一个目标：活着到达南极。他只专注于实现这一个目标，所以，他必须不断满足团队生存的需要。

斯科特如此准备，注定要倒霉。同理，如今教育界领袖和管理人员培训教师的方法也注定会失败。问题不是培训花的时间太长，当然，职业发展培训一个接着一个，老师们经常被从教室里拉出来，大量的时间都被浪费掉了。问题的关键在于，这些培训并没做到点子上。老师本应该站在学生面前，与学生交流，激励他们，鼓舞他们，但参加培训后，老师们反倒不知所措，不知道该怎么办了。

现如今，几乎所有的教师发展培训都只关心课程大纲的实施，偶尔会加一些教学技巧。这样做本没有错，只不过这些培训内容其实老师们用不了多长时间就能学会。只要花上两个小时用几句话就能说清楚的道理，课程培训师和课程专家却用了一大堆教育术语、缩略词和时髦词，结果让接受培训的老师们像坠入云里雾里一般，本是简单直接的东西被他们说得复杂难解。他们目光狭隘，只关心细节问题，只能看到局部，而忽视了真正能够提高教学水平的事情。要成为一位极其优秀的老师，你只需要关注一件事情，一件就好。只要做好了，学生就会坐得端端正正，打起精神，渴望学习，而那些所谓的专家根本没有将其考虑在内。

2015年8月30日，我打开电视，调到娱乐体育节目电视网看《周日晚棒球》。《周日晚棒球》是电视网的重头戏，在那一周进行了大量的宣传。那天，洛杉矶道奇对战小熊队，比赛很精彩。芝加哥先发投手阿瑞塔投了个“无安打”（对方球员没有一个击中球），让人紧张得喘不过气来。不过，这场比赛之所以引人注目，不仅仅是因为赛场上出现了“无安打”。

夏季赛事都是由约翰·克鲁克、柯特·席林与丹·舒尔曼三个人负责解说的。舒尔曼负责解说动作，克鲁克和席林进行评论。不过，8月30日晚上的那场比赛与以往不同。前几天，柯特·席林因为在推特上发表了不当的评论，被娱乐体育节目电视网禁播了，所以，由奥运会前垒球冠军杰西卡·门多萨临时顶替。

仅仅在电视前听了几分钟，我就知道，尽管门多萨是第一次在《周日晚棒球》做解说，但她真的很特别。当时，我并不知道她的身份，但我被她渊博的知识和轻松的沟通技巧打动了。她详细解释了阿瑞塔成功的原因，从他打破道奇队击球员的平衡，到场地的选择、旋转过程，再到弧形球的位置，她的解说非常精彩，让我更加深入地了解了棒球这项运动。她讲述了很多幕后细节，栩栩如生，仿佛这一幕就在我的房间里发生过一样。她对棒球运动的历史了如指掌，知道每位球员的身份背景，知道他们以前比赛的输赢情况。她擅长讲故事，说话也很生动形象。

她不仅不次于演播厅里那两位老练的专业解说员，甚至她的光芒已经盖过了他们。事实证明，很多人都注意到了这一点。从媒体评论员到普通的球迷，对她的解说都赞叹不已。只用了一个晚上，她就奠定了自己在娱乐体育节目电视网的地位，成为整个赛季不可或缺的解说员。

除了深刻的洞察力外，让我印象最为深刻的是她的冷静与镇定。在球场上，一场近乎完美的比赛正在如火如荼地举行。演播厅里，她在和娱乐体育节目电视网的团队一起，面向全国观众广播，但她看起来好像就坐在我家的沙发上，舒适自在。她和两位同事密切配合，非常自然地解说，没有东拉西扯，也没有像很多解说员一样，试图吸引观众的注意力，让自己出风头。一个个事实、一件件典故，她娓娓道来，让观众更加沉浸于球赛，更享受球赛。因为她的存在，这场球赛变得更加生动有趣。

那么，作为娱乐体育节目电视网的首位女性棒球解说员，毫无经验的杰西卡·门多萨在聚光灯下是如何做到的呢？满打满算，这只是她有生以来第二次解说全国性的重要棒球联赛。怎么可能呢！然而，事实证明，她之所以表现得既放松真诚，又能控制局面，是因为她具有一定的优势。许多伟大的演说家、政治家、演员和销售员之所以能够吸引别人的注意力，也是因为他们掌握了这个成功的秘密。除了戏剧学院的老师们，其他老师估计都没有听说过这个秘密。

在那个温暖的星期日晚上，迈进演播厅之前，杰西卡已经准备了好几天。她进行了数据分析，采访了一些球员和教练。她观看了两位开球投手的比赛录像，并深入研究了他们独特的投球动作和脾性。她从本地报纸上找到了两支球队的相关新闻，又上网搜集了球员们的奇闻趣事。她不断提问，并深入挖掘，寻找答案，她找到了观众们感兴趣的内容。当别人问她是怎么准备的，她回答说，在开始解说前，她“掌握的信息至少够解说十个小时”。

她可能参加过电视广播课程，可能在赛季开始前就练习过在镜头前的表达技巧，但这些都不是她准备的重点，她把准备的重点放在了内容上。知识储备要足够丰富，她才能轻松地分享故事，讲解背景知识，解析专业细节。她的讲解之所以魅力四射，令人着迷，是因为她本身就是个行家。

好的教学也是如此。毫无疑问，课程大纲和教学方法很重要，你必须熟知教学内容，懂得如何向学生讲授。但仅仅知道这些还不够，它并不能说明你就是个好老师，也不能说明你能够激励、鼓舞学生。

很多学区投入了上百万美元培训老师，培训内容包括如何实施课程大纲，如何指导学生进行小组阅读，数学教学中如何使用演绎法等。但是，这些东西无法激发学生学习的激情。要激发学生的学习热情，靠的是你！老师才是关键！你的个性特点、人格魅力，你是不是一直有吸引学生注意力的本事，这些才是保证教学效果的关键。实际上，培训可能反倒起到反作用。参加过培训的老师往往很机械，缺乏灵活性，没有激情，教学很难有杰出的表现。

不管你教的是18世纪文学、美国革命、几何学，还是其他课程，要实现你的梦想，成为一名深受学生热爱、可以激励学生的老师，你就必须成为那门课程的专家。不管是站着还是坐着，你只有靠满腹学识，才能给学生讲授鲜为人知的历史知识、时代背景和奇闻逸事，才能让你教的课程活起来。

掌握了某个学科的渊博知识，你就有源源不竭的方法，为课堂增添色彩，营造更活泼的氛围，能够给学生讲清知识的来龙去脉。如果你能够告诉学生故事发生的背景，揭开戏剧性的一幕，让学生身临其境，仿佛他们也骑着借来的马，深夜向列克星敦奔驰，那么他们阅读《保罗·雷维尔的奔骑》时，一定会有全然不同的理解和感受。渊博的学科知识就是秘诀所在，掌握这个秘诀，你在讲课的时候就能够从细节入手，让学生沉醉不能自拔，这就是卓越的教学。同时，你也可以放心大胆地做自己想做的事情，这些事乍看貌似鲁莽，却可以让你获得迷人的个人魅力。

美国第二城芝加哥是全球最负盛名的即兴喜剧表演的天堂，蒂娜·菲、史蒂夫·卡瑞尔、约翰·贝鲁西、比尔·默里与艾米·波勒等都是从芝加哥走出来的喜剧大师，难怪这么多演员和笑星会对芝加哥的近北区如此推崇。看过他们的表演，你肯定会觉得奇怪，他们怎么能凭空制造出这么多欢乐呢！他们随手从观众身上拿个道具，或者听他们说句话，立刻就能上演一出喜剧故事，让观众开心地大笑。我们总觉得，这绝对是天赋，这些人一定是天才，极其聪明机智，我们普通人肯定没法达到如此高的境界。就算是在小地方即兴表演的演员，我们也觉得他们天赋异禀。在《台词落谁家》里，韦恩·布莱迪和科林·莫克里现场就能作曲编舞，上演一出戏，我们觉得自己一辈子也做不到。

当然，上面提到的著名演员确实非常有天赋。但事实证明，我们每个人都有同样的天赋。毕竟，第二城芝加哥只是个培训场所。每个人都能在那里学习即兴表演的方法，从而挖掘、激发我们内在的聪明才智。当杰西卡·门多萨第一次走进演播室的时候，她靠的就是这些方法。所以，只要掌握了方法，你一样可以把学生迷得“神魂颠倒”。

杰西卡·门多萨掌握了丰富的棒球知识，从而能够吸引听众，带他们揭开棒球迷人的面纱，甚至那些一开始认为棒球很无聊的观众也对棒球产生了兴趣。通过深入挖掘，她把棒球比赛和日常生活联系了起来。讲解的时候，她可能确实用过笔记，但她的讲解总是不假思索，脱口而出，让我们全神贯注地关注赛场的情况。一场比赛整整有九局，她仿佛一直都在即兴发挥。

在看《台词落谁家》的时候，最令人难以置信的是，那些演员的知识太渊博，知识面太广了，简直是360度无死角。他们从来没有被难倒过，历史、政治、音乐和流行文化等各种知识他们可以信手拈来，所以，他们总能接上话。想做个有意思的人，首先自己要懂得多，有内涵，这样才能展现你的智慧和人格魅力。但是，单单有学识还不够。

在我写下这些文字的时候，美国总统竞选大战正酣，各大候选人想尽办法，想争取更多选民的支持。有一位候选人知识渊博，在内政、经济、贸易及其他重要领域具有丰富的经验，但是他每次开口，听起来总像是在背书，很僵硬，一点不自然，不真诚。在一对一面谈时，他又缺少情感交流，这些都会影响他的支持率。这位候选人虽然博学多才，但他不擅长即兴演讲，所以没法说服听众。

即兴演讲可遵循三个原则，在教学中应用这些原则，你就可以养成优秀教师必备的品质和风度。过去几十年来，教育专家们一直想要找到培养优秀教师的方法，但总不得其法，而这三个原则正是解决这个问题的关键。

第一个原则虽简单，却能发挥显著的作用。在走到学生面前开始讲课或组织活动之前，你必须把想好的表达方式彻底抛在脑后，你必须把脑子里的台词都忘掉。你不能想着耍小聪明，事先把台词都设计好。你必须临机应变，机智敏捷，做好准备，应对可能发生的任何情况。当然，我并不是让你“裸讲”。你必须时刻牢记自己的目标，必须谨记你对学生的责任，必须清楚课堂上要用的故事和例子，必须对课程进度和时间有十足的把握。除此之外，你完全可以相信自己的直觉。

所有伟大的演员在登上舞台时，都会放空大脑。他们知道，但凡有一丝杂念，他们就不能聚精会神，就无法发挥出最好水平，作品的品质就会受到影响。学着把大脑放空，可以让人进入忘我的境界。当你真的能够立足当下，就会比以往任何时候都更清楚自己应该做什么，应该怎么说才能达到自己的目标。你的大脑中定会有奇思妙想，嘴里一定会妙语连珠，学生将更专注，更愿意参与课堂活动。你可能都想象不到自己会有这样的能耐。

如果提前把该说的话都想好，那么我们就会笨嘴拙舌，机械呆板。虽然我们人在教室，却浑浑噩噩，思想都跑到九霄云外去了，完全忘了要激励学生，调动他们学习的积极性，不能够当场应变。什么都提前准备好，只会让你效率低下，对身边发生的事情浑然不觉。忘掉脑子里那些乱七八糟的东西，你才会有清晰的认识，你的个性才会得以释放，你天生具备的沟通能力才能发挥作用。突然之间，我们可以泰然自若，与身边的人和谐共处，而且能够和他人产生共情，我们终于可以展示出最美好、最真实的自己。

第二个原则是不要强求自己。在《即兴的智慧》一书中，斯坦福大学退休教授帕特里夏·瑞恩·麦德森建议我们努力做个普通人就好。老师们大多觉得压力与日俱增，他们就像一座座火山，随时都可能喷发。如果目标只是做个普通人，你就可以释然。你不必努力做个完人，你终于不用把神经绷得紧紧的，可以放轻松，深呼吸。你不用总指责自己，也不需要忧虑过度、自暴自弃，不用再束缚自己的个性，也不会让快乐在这些负面的想法面前黯然失色。

诚然，你对学生依然抱有很高的期望，但要从容一些，也就是说，不必拼尽全力。考虑到现在的老师们必须承受巨大的压力，时时刻刻有紧迫感，必须拼成绩，比业绩，这个建议看似违背常理。但是，如果你能够做到的话，你将脱胎换骨，重获自由。

刚开始，很难想通，为什么要有效率，就不能拼命想提高效率呢？麦德森说过："顺其自然，听从自己的内心，尽自己所能，做自己力所能及的事情。那么，你独特的看法可能会启发别人。"接着，她又说，只要你出现在教室里，奇迹就会发生。当然，并不是说你可以迟到早退，不备课，没有计划，没有目标。我的意思是，当你张口的时候，你没必要觉得自己必须说出惊天地泣鬼神的话，才能吸引学生的注意力。

之前常驻《周六夜现场》的喜剧演员克里斯汀·韦格提到即兴表演时，说道："即兴表演其实就是仔细倾听，尽量别搞笑。"这个道理也适用于教学。不要想太多，不要太努力，不要太匆忙，不要太痛苦，靠你本身拥有的东西就行。相信自己，相信自己辛辛苦苦学到的专业知识并不会白费。放轻松，你上课肯定上得更好，更能激励学生，你也会更快乐，更健康。

最后一个原则就是上班的时候要留心，不仅身在学校，而且要掌握整体局面。最优秀的老师往往具备最敏锐的观察力，他们很警觉，身边有任何蛛丝马迹，他们都能觉察到。他们把个人的想法放在一边，动用全部的感官，留心身边发生的事情，所以，他们可以根据学生的情况进行调整。他们知道什么时候该停顿，什么时候该挑战学生，什么时候该退让。他们能够根据课堂氛围，控制课堂的走向，把握课程的进度，还可以随时进行调整。基于对课堂的观察，他们进行决策，掌握学生的学习过程和课堂行为。基于五官所接收到的信息，他们能够根据学生的需求来安排课程进度，讲述故事，达到卓越的教学效果。

给课堂观察以最高优先级，可以让你更了解学生，要比大量的考试成绩准确得多。同时，会使学生更遵守课堂纪律，更成熟，更顽强，更独立。让我非常震惊的是，在我听过课的很多班级，很多老师竟然对课堂情况视而不见，听而不闻，他们只顾着琢磨几乎一无是处的教学方法，而对学生不断变化的需求完全视而不见。很多人一味地喋喋不休，整理文档，根本没有注意到课堂已经失控。学生们之所以不满意、不感兴趣、萎靡不振，最主要、最直接的原因就在于老师没有实时关注课堂。一旦学生们走进课堂，你最好把其他想法全部抛在脑后，充分发挥你的观察能力。

罗尔德·阿蒙森曾说过，井然有序的人最容易成功。教书育人，也是如此。但是，在做准备时，必须考虑到工作的特殊性。毫无疑问，实施课程大纲、掌握讲课技巧很有必要，但那只是教学中很小的一部分。要做个快乐、高效的老师，准备工作应主要集中在课程内容上。

好在一旦成为这个领域的专家，你就一直是该领域的专家，根本不用去追赶新潮流。这样，你就不用做太多准备，或许你根本就不用做任何准备。在日常工作中，你基本上只需要为每节课确定一个清晰的教学目标（我们将在下一章具体阐述）。一旦确定了教学内容和需要学生培养的能力，你就能够完全依赖自己的智慧了。

这样，你就能够时刻保持清醒的状态，可以即兴发挥。你自然而然就知道怎样才能激励学生、吸引学生、激发学生的学习动力。你能脱口而出很多年前发生的奇闻逸事，能想到很多类似的情况、相关的事情和历史趣闻。学生们听得很高兴，会被你深深迷住。你的自我感觉会很好，因为你可以影响每一位学生。听起来好像很难以理解，甚至很神奇。

想做一位优秀的教师，依靠多年来你通过学习、阅读学到的知识和生活经验就够了。你只需要相信自己，做真实的自己；只需要把乱七八糟的东西扔在一边，活在当下，让自己的魅力散发光芒！

第6章

弥合鸿沟

BRIDGE

用故事、轶事、谜题等为陈旧的课程内容注入新的活力，

牢牢抓住学生的注意力。

闭上眼睛，我们仿佛在穿越星空，

我们的双手可以拥抱整个天空。

——选自大卫·马修斯乐团的《你和我》

我喜欢一边写东西，一边听古典音乐。我特别喜欢其中几家潘多拉电台，从莫扎特到巴赫，再到蕾切尔·波特曼和帕特里克·赫恩等当代作曲家，电台不断播放经典曲目。听着音乐，我可以把附近嘈杂的声音屏蔽掉，这让我觉得很放松。

每次打开电脑，我都会把电台打开，听着音乐，我能够很快进入一种忘我的境界。音乐有一种特别的魔力，可以让我集中精力，专心致志做手头的工作。然而，在很偶然的情况下，某首曲子会打断我的注意力，这种情况很少见。不过，只要音乐吸引了我的注意力，我就放下手头的工作，专心欣赏音乐。达斯汀·欧哈罗兰的作品“Opus 23”、光吉猛修的《星期四》，以及赛谬尔·巴伯的《弦乐柔板》，就有这样的魔力。但是，有那么一首曲子，不管我身在何处，不管我在做什么事情，都能让我立刻停下来——我知道很多人和我一样。

这首曲子就是《月光》，在1905年由阿希尔·克劳德·德彪西所创作，是《贝加莫组曲》的第三乐章，人们经常将这首曲子作为印象派音乐的代表。从19世纪末开始，印象派音乐大约风行了50年的时间。

印象主义正起源于印象派艺术运动，莫奈、埃德加·德加、让·雷诺阿、爱德华·马奈等艺术家在创作时并不进行写实，而是捕捉自己的感受，并使用灯光、颜色和动作等在艺术作品中将其表现出来。德彪西和同时期的其他作曲家如莫里斯·拉威尔、埃里克·萨蒂等在创作作品时，就使用了同样的方法。

与其说他们的音乐在讲一个故事，倒不如说，他们的音乐是在调动你的情绪。音乐不只悦耳，还能带你穿越到另一个时空，带你进入另一种心境。萨蒂的《裸者之舞》也有同样的效果，这两首曲子都将欣赏音乐的境界提高了一个层次，音乐从大脑传到心脏，一直传到刺痛的脚尖，令人身心完全合一。这两首曲子的编曲华丽绚烂，听众不得不停下来，去思考，去感受。你的心境不同，音乐或让你难过，或让你快乐，或让你沉思，或勾起你的回忆，或激发你的梦想，或许，你会听到一声声召唤，让你最终走出舒适区。不论感受如何不同，有一点是肯定一样的：你根本就无法忽略音乐的魅力。

美妙的音乐可以让听众产生共鸣，同理，优秀的老师在课堂上也可以引起学生的共鸣。老师不仅仅可以讲授信息，还能带领学生走进一个个神奇的新世界。课程内容一成不变，学生的注意力难以集中，很多老师想在课程与学生之间架起一道桥梁，但苦于无法实现，而优秀的老师却可以弥合二者之间的鸿沟。在他们的课堂上，经常可以看到老师们大声朗读伟大的文学作品，或者进行超级酷的实验，而学生们静静地坐在座位上，聚精会神，目瞪口呆。他们的课堂可以源源不断地激发学生的兴趣，让他们爱上学校，渴望听讲，热爱学习，愿意遵守课堂纪律。

拥有这种能力的老师没几个，主要是因为课程设置的缘故。课程设计本身干巴巴的，没有活力，不能激发学生的学习动力。老师们确实能从职业发展培训和教学大会中学到一些好方法、好策略，通过其他渠道，也可以学到一些好方法，不过这些所谓的方法和策略往往缺乏名曲《月光》那种迷人的魅力。老师们不能把讲课内容和学生联系在一起，所以没有办法引起学生的重视。老师坐下来写教案的时候，往往就缺乏这一点，他们想在学生和课程之间建立起联系，不过，如果只是对着教师手册，照本宣科，那就只会让学生哈欠连天，开小差。

还有一个问题就是，老师们要讲的信息量太大，他们很难从中挑出对学生最重要、让学生最感兴趣的部分。我有个朋友，在教三年级。她最近向我抱怨，说学校最近又启动了一项新的写作项目，光摘要就长达89页。结果，老师们不得不花大量的时间备课，等真正站到学生面前讲课的时候，他们讲的东西太泛，毫无重点，学生根本就不在乎，所以，老师吸引不了学生的注意力。

在前几章，我们已经探讨过下面几个方面的内容：要成为本领域的专家，让学生沉浸于学习的关键在于为学生提供背景知识，即兴发挥可以增加课程的趣味性和吸引力，这些因素至关重要。而在本章，我们将探讨如何既能简化备课过程，又能让你的课程与众不同。面对学校或教育部门布置的海量信息，你该如何应对？如何讲课才能让学生受益？在讲课时，如何使用专业知识和即兴发挥的技巧才能让内容饱满，有感染力？首先，我们谈谈时间的问题吧。

西里尔·诺斯古德·帕金森曾经当过老师，他也曾是英国女王皇家兵团的海军上校。同时，他还写过十几本关于海军历史的书籍，并曾多次获奖，他还是哈佛大学、加州大学伯克利分校、利物浦大学和其他大学院校的客座教授。但是，他最广为人知的成就是1957年写的一本畅销书——《帕金森法则》，这本书可和英国海军舰队没有一点关系。

根据帕金森定律，一个组织或个人，完成任务的限时不同，在他们眼中，任务的复杂程度和重要性也不尽相同。换句话说，与花半个小时备课相比，如果你规定自己花一个小时来备课，就会碰到更多的困难和更大的障碍。

如果你给老师们半天的时间来考虑学校的宗旨，那么，他们会绞尽脑汁，不断否定自己，不断推翻重做，一直要到最后一秒，才能“交作业”。事实上，就算只给他们半个小时，甚至10分钟的时间，他们肯定做得也不差，甚至可能做得更好。

根据帕金森定律，如果给自己规定了完成任务的时间，你就更能集中注意力，高质量地完成工作。你基本上不会跑题，也不会分心。你可能又快又好地完成任务，反倒比时间充足效率高。

多年来，我的写作和教育经历就是最好的证明。我写头两本书的时候，各用了一年时间才写完，恰好和我给自己规定的时间一样。而我最近出版的《美术、音乐和体育老师的课堂管理之道》，只用了5个星期的时间就写完了，同样，也刚好是我给这本书分配的时间。

在这5周里，我把每天的写作时间限定为90分钟，我每天都设闹钟，闹钟一响我就停笔。这个规定对我的专注力和效率产生了重要的影响，我都不敢相信自己的眼睛。当时，我写得实在是太快了。我觉得自己下笔好像只是为了填满那页纸而已，但等到校对的时候——我也严格限制校对的时间——好像可修改的地方也很少。通过限制工作时间，我提高了自己的写作质量与速度。

在教学中应用帕金森定律有个问题，那就是，老师们根本不知道自己该如何下手。老师们大多不知道该怎么备课，讲课的时候才能启发学生，做个好老师。他们坐在桌子前，看着指南和材料，却不知道该使用什么策略。最终，他们把时间都浪费了，做的都是无关紧要的小事，而且事情越来越多。尽管定个闹钟，限制备课时间确实有用，也可能会提升讲课效果，不过，要想用最少的时间准备好课程，找到可靠的办法才是关键。

丹妮尔在美国南部教书。2016年年初，她报名参加了为期两个小时的私人培训，培训是通过Skype做的。丹妮尔先用了20分钟的时间描述自己的上课情况，根据她的说法，她班上的学生算不上调皮捣蛋。课堂秩序并不乱，学生们好像也很喜欢她。不过，课堂上总是有种紧张的感觉。学生们的注意力不集中，不太听讲，老爱在课堂上说话。他们的学习动力不足，好像觉得上课太无聊，而且早就厌烦了听老师讲课。他们干别的事都兴致勃勃的，但一提到学习就兴趣索然。

此外，丹妮尔觉得压力很大，待在学校的时间越来越长。她承认说，虽然她想把课讲得更有意思一些，不过就是做不到。她知道这正是自己的不足之处，可就是不知道该如何下手弥补。我们先微微调整了一下她的课堂管理计划，一起研究出惩罚违纪学生的最好方法。然后，我们开始着手增加课程的吸引力。我们的计划操作性很强，不但能让她的备课时间减半，而且更能引起学生的共鸣。

丹妮尔说，这两周时间彻底颠覆了她的教书生涯。学生们不再心不在焉，上课的时候也再不偷偷地聊天。他们上课的时候，不觉得无聊，也不再做白日梦。相反，他们都很专心。他们有学习的动力，渴望参与课堂活动，一整天都更平静。

当到了让学生自己承担责任、做作业的时候（我们将在第8章进行讨论），他们更专注，能更快地完成作业，这是她以前没有看到过的。而最让她开心的是，她从中享受到了更多快乐。她更加坦诚，更加自由，可以做真实的自己，可以展示自己的个性魅力。她在讲台上能够随机应变，即兴发挥，惟妙惟肖，学生们看也看不够，听也听不够。她一直想成为一个能够激励学生的老师，现在她做到了。此外，她比以前下班早，而且下班后依然充满活力。

我教给丹妮尔的备课方法以及和学生交流的方法，我已经实践了20多年。不管你是小学老师、初中老师，还是高中老师；不管你教什么，也不管你在哪里教书；不管别人让你用什么材料备课，这些方法都同样适用。

想弥合死气沉沉的课程和学生之间的距离，只需要三步，虽简单，但可靠。只要让学生实践你传授给他们的知识，你想用什么方法根本没多大影响。等到让学生们承担起学习责任的时候，你可以选择很多方法，让他们证明自己已经了解你的目的所在。你可以让他们独自、结对或者分组，准备项目或报告。在这三个步骤中，关键是讲课过程，其中最关键的就是你站在学生们面前讲课的那一刻。在那一刻，老师们最痛苦。

我从教以来所经历的教育改革一直在增加老师们的负担，要做的事情越来越多，老师们必须付出更多。只要是改革，就是不断增加，不断扩张，越来越复杂。日复一日，所谓的战略措施越来越多。但是，要提高效率，你必须背道而驰。

在专著《最重要的事只有一件》中，加里·凯勒认为，在各行各业，成功的秘诀就是要简化，要从小处着手。要用最大的努力，专注做最重要的事情，然后，把事情做到极致（也就是第1章所说的二八定律）。这样，你不但有更优秀的表现，而且能够腾出更多时间，你的压力也更少。基于这个原则，我提出了三个步骤，帮助教师们准备并教授对学生有启发性的课程。重点在于，只关注你想让学生知道，而且学生能够做到的事情，然后向学生传授能够有助于他们成功的知识，让他们信服。要把那80%无用多余的东西砍掉，只做有用的事情。

第一步是选择一个目标，只选一个。这已经是老生常谈，不过很多老师经常会忘了专注的重要性，他们忘了，每节课只需要让学生理解、掌握一件事。当然，学生可以使用以前学到的知识，温故可以知新，不过每节课的新知识点只能有一个。

让人难过的是，因为现在资源太丰富，老师们需要看各种指南，参考各种资源，所以，很不容易找到教学目标，或许，这些指南和资源根本就没有给出教学目标。在这种情况下，你自己必须确定一个目标。确定目标非常关键，因为你说的每一句话，做的每一个动作，都要围绕着这个目标进行。不管你多么擅长演讲，如果你的目标不明确，学生们就会困惑不解，那么，你即兴发挥的时候会满嘴跑火车，一直跑题。

所以，在写课程计划的时候，你必须首先确定一个目标，而且，一定要用简单、清楚的字眼在课程计划里写下来。目标在你心中越清晰，越容易理解，在给学生讲的时候，效果就越好。

第二步，从你的课程或教学目标中找到有价值的一点，即找到卖点。或者是给学生带来酷、有趣、奇怪、有益、难过、搞笑、害怕、惊异的感受，或者是具有学习价值，不管是什么，你总得找到那么一点。你总能找到点什么，就算连你自己都觉得教学目标索然无味，你也总能有相关性的那么一点，激发学生的兴趣，引起学生的注意。

接下来，等你走到学生面前讲课的时候，最好不要一下子就把自己压箱底的东西暴露出来，你一定要保留一点点神秘感。“你们绝对想不到我今天要给你们看什么。”“接下来的故事会让你们起鸡皮疙瘩的。”“今天，我们将学习一个技巧，能够迅速提高你们的阅读水平。”

每节课都要有一个要点，它会让你充满激情，可以唤起你内心深处隐藏着的对教学的热爱，这样，你上课的时候就激情洋溢，能够专心实现教学目标。你自然而然会进入第三步，你会很自然地联想到一些画面、感受和回忆，使课堂内容更加饱满，更有深度，这样的课能够迷住学生。

第三步，也就是最后一步，把教材内容、人生经历和专业知识等相关的东西加入课堂，让你的“卖点”丰富起来，这才是教学。学生是渴望学习，还是看着远处发愣，区别就在于你怎么教。正是这些背景知识、深刻含义和相关性才能刺激到学生的兴趣点，让学生爱上学习。要像杰西卡·门多萨一样，给听众们讲述有趣的历史故事和内幕消息。要做精彩生动的描述，吸引经过郎方广场地铁站的上班族们来欣赏约书亚·贝尔的天才之作。要挖掘《葛底斯堡演说》背后不为人知的故事，或者是哈勃望远镜差点功亏一篑的旧事——你的心思大多得花在这上面。

在课堂上多描述细节的确会增加课堂趣味，效果不错，不过，只有讲故事才能真正让学生兴奋起来。

一直以来，科学家们以为大脑中负责语言处理的是布洛卡区和韦尼克区。然而近年来，研究人员发现，故事不但可以激活这两个区域，而且可以激活大脑中负责处理味觉、触觉、运动和身体动作的区域。

原来，听故事的时候，我们的大脑会认为我们正身临其境，并做出相应的反应，让我们产生像当事人一样的体验。听到故事后，我们会想象出画面，我们能够感受到当时的心情、语调和情绪，我们能够看到，闻到，甚至可以看到动态的画面。这意味着我们不但在处理语言信息，同时还会感受。我们能体验到白雪皑皑的山顶上的那一丝颤抖，能听到亚马孙热带雨林中充满异域风情的声音，能感受到两个好友久违见面时，那紧张尴尬的气氛和汗淋淋的手掌。

故事可以刺激听众产生联想。事实表明，故事可以提高一个人的共情能力和社交能力，加深理解力，提高预测能力，并最终让人下定决心。

作为老师，我曾经做过很多尝试，但只有讲故事最能影响学生的学习和行为，让他们爱上上学，其他任何办法都难以望其项背。不过，如果你以前没有在课堂上讲过故事，可能会觉得很吓人。很多老师以为，讲故事必须有天赋，如果没有天赋，那就得参加大量舞台表演培训，然后才能够胜任。而且，他们觉得找故事、编故事，都很难，甚至有不少人觉得准备故事会拉长备课的时间。

首先，你得明白一点：不管是什么样的故事，它总比干巴巴地讲知识点更有说服力。所以，千万不要害怕你讲的故事不够吸引人。并不是每个故事都得像《纳尼亚传奇》一样精彩，也不是每个故事都得具备人物、背景、情节、冲突、结局这五大要素。故事可以很简单，或者是你日常观察到的事情，或者是奇闻逸事，只要能够引出你要讲的知识点就行。可以是关于哥拉斯原理的一个小故事，或者是一个女孩子去看庞培古城废墟的虚构情况，或者是你童年的往事。

有时候，你讲的故事可能正是教师手册里的东西。当然，可能听起来不像是故事，但你可以提取信息，用故事的方式讲述出来，这样做一点儿都不费劲。“当我那天打开教师手册的时候，这节课的内容让我想起来自己学习分数的时候……”你讲的故事可能和学习内容根本没有直接联系。事实上奇怪的是，你讲的故事和课程内容之间的联系越不可能，越不同寻常，故事就越有说服力，这也正是挖掘好故事的秘诀所在。

这一章，我用一个经典音乐的故事来开篇，是因为我本人对这个故事很感兴趣。当然，我可以选择用其他方法来开篇，比如，我可能讲一个箭术的故事，射箭的人在射箭时，箭羽划过他下巴时的感觉。我也可以讲我夫人做意大利面的趣事，并联系到她的意大利血统上。故事的主题可能与课程内容毫无关系，但只要有相似之处，这个故事就可以吸引学生，启发学生，同时，还可以加深学生的理解。

其实，我能用任何话题，并从中找到与教学目标的相似之处，你甚至不用在乎故事是否真实发生过。我发现，超自然的故事尤其有说服力。我连续讲过好多爱尔兰民间传说中小妖精的故事、超人的故事、会说话的蛇的故事，只要是从书本外猎奇，你就能让学生们兴奋地从凳子上站起来。

大多人认为讲故事很难，其实不然，你不可能搞砸。一开始，最好是讲个短故事，作为开场白，这样就能从一开始抓住学生的注意力。一旦吸引了学生的注意力，你就可以开始讲课程的核心内容了。

至于准备故事，只要在纸上写下故事的核心元素就行。通常，我只在纸上写一个字，最多一个词。重要的是，你要充分发挥你即兴展示的能力。事实上，如果故事准备得太充分，你天生的魅力反而会被压制，展示不出来。要知道故事梗概，但不要连用哪个词做哪个动作都准备好。我知道，听起来好像过于随意，不过等你掌握了讲故事的窍门，你的教学就会发生翻天覆地的变化，准备有趣的课程也变得易如反掌。要有自信，要相信你天生有能力即兴发挥，那么，你就可以充分展示自己的个性和激情。你更具亲和力，更有技巧，更幽默风趣，可以对学生产生更大的影响力。

按照这三个步骤来做，可以将死气沉沉的课程计划变成学生们喜欢参与的课程。他们可以弥合差距，把漠不关心的学生转变过来。你也可以自由地应用帕金森定律，把备课时间缩短一半。最重要的是，按照这个方案做，你只要做好自己的分内之事就可以了。等你让学生承担起他们在学习中应尽的责任时，他们会很愿意担负起责任的。

第7章 想象练习

ENVISION

每天早上进行想象练习，开启一个成功的教学日。

只计划不行动，无异于做白日梦。

而只行动没远见，只能是场噩梦。

——日本谚语

林赛·沃恩是有史以来在世界杯上获奖最多的高山滑雪运动员。每次参加比赛，在开赛前20分钟，她会在起跑门后面找一块安静的地方，戴上头盔和护目镜，踩进雪橇，把滑雪杖的带子在手腕上扣紧。她先做几次深呼吸，然后开始做动作。在旁人看来，她的动作可能有些奇怪。她闭着眼睛，半蹲，开始慢慢前后摇晃脑袋。她把一只手伸出来，开始转动、倾斜、翻转，她的身体也随之摇摆。

这样的动作，她会重复1分钟左右，也就是她从山顶滑到山底的时间。过一会儿，她睁开眼睛，直起身，迅速看一下时间，然后重复做刚才奇怪的动作，大概重复10~15次，然后，她才回到起跑区。乍一看，她好像是在随着音乐节奏预热，或许是为了放松，集中注意力。然而，她这么做，远不只这么简单，而正这是让她成功的众多因素之一。她其实是在大脑中想象整场比赛，从起点到终点，她经过了每个转弯、斜坡和翻越。她假想自己沿着一条预先设定的获胜概率最高的路线，从山顶滑下山脚。

离比赛还有很长时间，沃恩就和教练们开始研究比赛路线。他们钻研地图，检验积雪的状态，考察沿途的各个赛段。而且，她会到现场去体验、演习，找到转弯、躲过障碍的最佳路径。她要选择设备，咨询教练和训练员，制订最佳参赛计划。到了晚上，在训练间隙，沃恩会在大脑中想象成百上千次训练。在赛前，沃恩和团队就是这样进行充分准备的，等她从山顶起跑的时候，她完全可以靠自己的能力、本能和肌肉记忆，做出爆发性的表现。

因为对整个赛道了如指掌，所以她不用担心会碰到意想不到的状况。她可以放松心情，清除杂念，集中精力用最短的时间完成比赛。因为准备充分，所以，她有信心以全速进行比赛。

除了滑雪，其他运动项目的运动员也可以使用想象训练法。研究表明，这种训练方法可以提高运动员的关注力、洞察力、控制力和记忆力等认知能力，效果不亚于真实的训练，而且不会给身体增加负担。同时，想象训练法还可以提高运动员的积极性，让他们更快进入忘我境界。事实表明，进入忘我的境界可以提高运动员的比赛成绩。不过，除了运动员，销售员、艺术家、演员、营销人员、服装设计师、警察等各行各业的从业者都能够从中受益。从事其他职业的人们，包括教师也不例外，而且，想象练习对老师的帮助很大。

然而，这种训练方法的确有不足之处。早在20世纪30年代，励志大师和演说家就推荐过一种特别的想象练习法，即想象自己已经实现了目标的场景。比如，沃恩不需要想象滑雪的过程，而要想象成功的感觉。她要想象自己获得了金牌，浑身沐浴着胜利的光辉。

你肯定也听说过这种想象练习。几年前出版的一本书《秘密》，让这个理念突然火了一把。现如今，这个理念仍然很有市场，很多书籍、脱口秀、杂志文章都在兜售这种做法。狂热的信奉者不停地吹捧，这种想象训练有多么厉害！想象你住在一栋大房子里，开着昂贵的跑车，或者躺在波拉波拉岛的海滩上。据说，如果经常幻想，这些幻想更可能成真。

然而，科学证明这根本就是一派胡言，或许你已经察觉到了。事实上，想象自己功成名就会让你离自己的目标更远。这种幻想会让你感受到温暖，意志力消磨，让你丧失追求目标的动力。同时，你可能对现实缺乏清晰的认识，估量不足，准备不充分，无法战胜可能遇到的障碍和困难。此外，总想象自己已经成功会让人失望沮丧，变得很肤浅，只关心结果，而认识不到一路拼搏的内在价值。

金·鲍尔以前是位老师，在2009年退休，她一直住在圣贝纳迪诺山上。1958年，她在房子周围种下了第一株水仙花。50年来，她不断耕耘，先后种植了几万棵水仙，金和她的丈夫每年3月到4月中旬会将花园面向公众开放。多年来，各大报纸杂志多次报道金的花园，还出了两本相关的专著。在20世纪90年代末，甚至还出现了水仙花病毒邮件。

就靠一个女人的一双手，一次种一朵花，最终种出了5英亩大（约20234.28平方米）的一片美丽花园，这个故事引发了全世界人民的共鸣。从中我们可以看出，过程远比结果更重要，同时也说明，就算每次只走一小步，最终也可以创造奇迹。当金种下第一株水仙花的时候，她根本没有想过最终要实现什么目标，否则，她会觉得目标太宏大了，她肯定不堪重负。相反，她只想着享受劳动的乐趣，享受自己亲手创造的美景，山中新鲜的空气令她陶醉。

要让想象练习有效果，关键在于注重过程。一定要记住，想象练习并不是一种精神练习，这一点很重要。想象，不是冥想，不是神秘主义，也不是超心理学。不管是在滑雪道上，还是在推销，抑或在教室里，想象不过是一个提高成绩的工具罢了。其实，想象练习很简单，不用刻意做，你多多少少肯定有过这样的经历。

绩效心理学家达纳·辛克莱经常与演员、运动员、音乐家和律师接触，她认为，其实人们一直在进行各种想象。当我们考虑未来要做某件事的时候，比如，去杂货店买东西，去机场接朋友，或者是去社区里散步，脑子里自然会突然冒出一些感受和画面。

不过，如果像沃恩那样带着目的去想象的话，我们能够更好、更高效地做好计划的事情。我并不是让你把要讲的课想上几百遍，也不是让你把在学校度过的每一分钟都想好，你只需要进行一点点想象，就可以受益匪浅。

特奥多尔·梅莱斯查卡努是加拿大特伦多市的一位腹腔镜专科大夫，自从做住院医生开始，他每天早上会花5~10分钟的时间，在大脑中预演当天每台手术的步骤。做这种练习可以减轻他的压力，让他准备更为充分，提高了他做手术的水平。因为他自己就是受益者，而且在其他行业见证过很多成功案例，所以，他成立了一个团队，研究如何通过想象练习来帮助医学学生提高医术，更好地治病救人。

梅莱斯查卡努和第一作者玛丽莎·劳尔诺达斯找了20位腹腔科住院医师，将他们随机分为两组。一组接受传统培训，另一组的培训中加入了精神训练法。然后，让两组住院医生做一台非常有挑战性的手术。他们必须看着屏幕上的图像，把内窥镜导入猪的小肠。梅莱斯查卡努认为这个技术最难教，也最难学。

实验结果在《英国外科学杂志》上发表，令人震惊。他们发现，接受过想象训练的那组住院医生表现明显比另一组学生更好。在手术过程中，当研究人员突然设置一个紧急状况，需要住院医师迅速调整方案的时候，差别尤其明显。在他们走进手术室之前，在大脑中已经模拟了手术很多次，所以对紧急状况更熟悉，这让他们与别的住院医生相比，具有极大的优势，所以，他们的表现更佳。

如果老师们每天都能做几分钟的大脑练习，就能够取得巨大的进步。或许你还记得，在第二章，我谈到过拒绝的重要性。那么，现在我想告诉你，有些事你一定不能拒绝，其中一件就是每天早上在开始上课之前，找个没人打扰的地方，自己待一会儿，坐在办公桌后面也行，在行政区内也行，你可以利用这段时间备课或者组织课堂教学。不过，你也可以留出几分钟的时间，把计划好的课在脑子里过一遍。在教学中，有三个方面需要做想象练习，这就是其中一个。

接下来，一定要注意的是，并不是每个人都能想象出完美的动态画面。有时候，可能你的大脑中只能闪过一些画面。有时候，只有一些感受和印象一闪而过。有时候，不同的画面迅速转换。有时候，一幅幅画面就像查理·卓别林的快动作电影一样闪过。不要在意形式，只要能快快地把课程从头到尾过一遍就行，没有必要把所有的东西都想象出来。其实，你最好别太面面俱到。记住，一定要留下即兴发挥的空间，这一点非常重要。你只需要想象出主要步骤以及如何顺承转接就可以了，你的大脑知道该怎么做。

比如，当你想象一个故事的时候，你可能只需要想象出一些关键因素，比如开场、高潮、冲突和结论。你可能会听到自己自言自语："好的，我准备先这样，然后再这样……然后他们会问问题……然后，我开始讲故事……跑过丛林……被老虎追赶……跑进一片伐木空地。"

甚至连林赛·沃恩都要想象自己在长长的光滑赛道上滑雪。著名的摄影师安塞尔·亚当斯在拍摄前，经常想象作品的各个要素。他能在大脑中想象出相机的位置、拍摄的时间点、天气、光线、曝光度等因素，以便重现想象中的作品。

只要你专心想最重要的细节，用不到1分钟的时间，你就能轻松想象出整节课的内容，这是迟早的事情。和其他技能一样，想象也是个熟能生巧的过程。当你切实感受到想象的强大效果，看到课堂的真实情况和想象分毫不差时，你会变得更擅长。

有些绩效专家建议在想象的过程中加入声音和气味，像学生们匆匆忙忙走进教室的吵闹声，你早上把咖啡端到嘴边后闻到的咖啡香味。他们认为，你的想象越真实，效果就越好，我自己倒没发现。如果你自然而然地就想到了图像和声音，那很好。不过，要故意想象出图像和声音，那你反倒会分心，不能专注于自己的工作表现和工作中的细节。

很多年前，我上研究生的时候，曾经在垒球队实习。在每次比赛前，教练都会带着队员做想象练习，不过教练只是让他们想象周边的环境，比如颜色、观众、天气等。这样的练习或许能让球员们放松，但无益于提高他们的比赛成绩。教练倒不如让队员们想象自己投掷得完美，挥杆很漂亮，可能效果更佳。要专心想象你接下来要做的事情，等你站到学生面前的时候，就会看到一个不一样的自己，你也会有截然不同的感受。

第二，想象碰到学生捣蛋的情况，你会怎么办。如果在你的想象中，你能够平静对待，坚持原则，让学生为自己的行为负责。那么，等学生真的捣乱的时候，你肯定也会这么做。

想象自己管教学生非常有用，最大的好处是你可以战胜自己的软弱。你可以想象一下，那个经常惹你生气的学生，还像以前那样做出让你抓狂的举动，但是，你可以想象着自己以非常完美的方法对付他。想象一下，那个学生不尊重你，和你吵架，还不承认最近做的一件坏事，而你却能够很好地回应他。或者想象一下，学生们走进教室时都很激动，心都没收回来，而你能够冷静地让他们退回去，整理好心情，重新走进教室。在想象中，你可以纠正以前错误的方法和失误，找到最好的应变办法。你可以创造性地解决问题，改掉不好的习惯，养成自己的好习惯。

如果你能够提前进行想象，等真的有学生不尊重你，乱发脾气、和你斗嘴，在你说话的时候插嘴，在你背后窃窃私语，违反课堂秩序的时候，你会发现，自己的反应真能和想象中的一样。这一点尤其令人兴奋。不但你的语言、声音和动作有了“脚本”，而且，你再也不会冲动行事了。

事实上，不管你想象什么，都能实现，这并不奇怪，主要是因为你提前演练过。在你的想象中，你是安全的，自由的，你可以练习提高自己的教学水平，进行高效的课堂管理，并逐渐养成了习惯。想象的效果几乎和真枪实弹地演习没什么两样，等你每次做事情都能按照想象的来，就用不着再练习了。你不需要努力压抑你的情绪，也不用抗拒越来越大的压力。根据自己的想法来处理违反课堂纪律的行为是自然而然的事情，就像去小区里散个步一样。

第三，你还可以想象一下，从早到晚会发生哪些事情，你和学生的心境如何。最好在早上上课铃响之前，就把一整天都想象一下。你可以紧紧关上门，坐下来，或者站着也行，闭上眼睛，想象学生们走进教室，按照你的要求学习。想象你在讲课的时候，他们认真听讲。想象一下，一天之内所有的教学活动都顺利举行，课间也很平静，直到这一天结束，你把孩子们高高兴兴地送回家。

想象你可以做真实的自己，想象课堂安排就是自己最想要的样子。想象自己能够镇定自若地地惩罚学生，激情洋溢地讲故事。想象你自己讲课富有条理与说服力，想象自己很享受讲课的过程，想象自己偶然会和学生们笑出声来。想象学生们在忘我地学习，而你在仔细地观察他们。

当然，只需要快速地想象出最重要的活动就可以了，不要太刻意，也不用担心自己想象得不完美，放松身心，不用费劲就能想象到画面。这种想象也是熟能生巧的过程，不过，你从一开始就能体会到这样做的好处，这应该是这么长时间来最顺利最舒适的一天了！

想象最大的优点是可以不断重复。想象的越多，你的效率就越高，你就越享受。原因有很多，不过，最重要的是，想象可以让你自由自在，活在当下。想象可以让你放松身心，专心做手头的事情，以前我们并没有提过这一点。

想象会让你心情愉悦，提高效率。尤其对那些习惯于提前考虑的老师来说尤为如此。研究表明，专注当下，也叫作专注力，可以很好地减少压力，使情绪高涨，而专注力本身就是一种忘我境界。专注的时候，我们可以很幽默，可以即兴发挥，可以散发出无穷的个人魅力。

当你想象出自己讲课的情形，想象出自己处理违纪行为的方法，想象出自己在学校一天的轨迹，你自然会专心致志。你会发现，时间好像慢了下来，你可以尽情享受教书的乐趣，和学生建立起密切的关系。你更擅于即兴发挥，你的观察力会更加敏锐，对学生的优缺点更有清楚的认识。整整一天，你都会过得很舒适，觉得未来没什么可担心的。你清楚怎么讲课，怎么组织活动，怎么过渡，根本就不需要多想。

杰克·尼克劳斯是人类历史上公认的最伟大的高尔夫球手，他曾经说过，不管是比赛，还是训练，每打一杆，他都要提前在大脑中进行想象。所以，他可以甩掉其他杂念，不必思前想后，可以忘记忧愁，充分发挥自己的天赋。等站到高尔夫球前，他整个人是自由的、轻松的，他可以只关注过程，自由自在地击球。

华兹塔坐落于洛杉矶东107街和圣安娜林荫大道之间的一块三角形土地上，已经成为一座不朽的丰碑。华兹塔由钢铁、灰浆建造而成，并用捡来的玻璃、瓷砖、海贝壳和陶器拼接装饰。这座雕塑是由意大利移民西蒙·罗迪阿搭建的，他是个梦想家，早在1921年起，就开始利用下班时间在自家后院进行创作。

在接下来的33年时间里，人们总能看到他孤独的身影。他每天都爬在桁架上，用锤子敲敲打打，创作艺术作品。他总共创作了17座雕塑。这里离一排排整齐的住宅楼仅有几英尺远，但呈现出一种荒凉的城市美感。目前，这里已经成为历史性的地标和文化艺术中心，是20

世纪民间艺术的典型代表。很难想象就一个人单枪匹马，没有使用机器，没有使用脚手架，就能创造出如此巧夺天工的奇迹，这是全球一个人所建造的最大的建筑物。

漫步其间，我被深深地感动了。罗迪阿认真对待每一个部分，对细节极为关注。很明显，罗迪阿并不仅仅是为了完成这个作品。事实上，在作品完成后不久，他就搬走了，之后再也没有踏足过这片土地。他热爱的是创作本身，是目标让他感受到了存在感。全心全意地追求自己热爱的事业，才是存在的意义所在。每年，参观华兹塔的人成千上万，意义也在于此。

罗迪阿能够想象出每片碎贝壳和碎玻璃该摆放在哪儿，每条钢筋该怎么弯曲，然后用手把它们搭出来，从而创造出了不朽的艺术作品。正是因为他全心全意地追求美，专注过程，最终才能让这些塔式建筑拔地而起。

像创作伟大的艺术作品一样，优秀的教师不能做一天和尚撞一天钟，而应该全身心投入眼前的工作，就像种水仙花的金・鲍尔，搭华兹塔的西蒙・罗迪阿，以及从雪山上飞驰而下的林赛・沃恩。卓越的教学关乎过程、坚持，以及每时每刻的感受。

每天，只要花几分钟来想象，你就可以慢下来，充满自信，充分发挥自己的天赋，更快地进入一种深深的忘我状态。时间慢下来之后，你就会呈现出最好的、效率最高的状态。当想象好自己会怎样度过一天后，一张开眼睛，你就会忘掉过去，忘掉未来。你可以自由自在，关注当下，去激励学生，去笑，去爱，去享受教书育人这段难忘的旅程。

第8章

转移责任

SHIFT

授人以鱼不如授人以渔，教会学生怎么做后，就放手让他们去实践。

要奋斗，要追求，要寻找，但不要屈服。

——选自丁尼生的《尤利西斯》

当哥伦布在蔚蓝色的大海上航行的时候，他只能沿着某纬度直行，因为他没有其他选择，当时领航员没有办法确定经度。这种状态持续了300年之久，在大海上，船员们只能尽量保持直行，否则就有在大海中迷失方向的危险。但因为不知道经度，除非他们误打误撞抵达目的地，否则，他们根本不知道什么时候能够抵达目的地。此外，因为海盗总沿着知名航道寻找猎物，所以，当时的航船很容易成为被海盗劫持的目标。因为导航太危险，但又对未来进行贸易、探险至关重要，所以，英国国会在1974年设重奖，希望能够解决这个悬而未决的时间难题，奖金高达几百万美元。连伽利略和牛顿这样伟大的科学家都觉得，只有老天才知道答案，答案得在无数颗恒星和行星上去找寻。但是，约翰·哈里森并不这样认为。

哈里森是英国约克郡的一个木匠兼钟表匠人，他完全是自学成才。其实，当时人们已经知道，只要能够确定正在航行的船只上的时间（这个时间可以根据太阳的最高位置来确定），并且知道母港的时间，就可以算出确切的经度。船上的时间和母港的时间具有时间差，与经度存在固定的比例关系。

然而，问题是当时的钟表没法承受海上极其恶劣的环境。船的甲板有裂缝，而且不平，船刚从港口驶入大海，陆地还没有消失，钟表就已经坏了，此外，潮湿、咸涩的空气很容易破坏钟表内部的机械结构。但是哈里森并没有被吓到，他整整思考了四年，然后就开始实验，他决心要制造出在任何条件下都能够显示准确时间的表。整整40年，他心无旁骛，只做这一件事情。经过无数次的尝试、挫折和失败，哈里森终于成功了！他研制的钟表很可靠，船长可以靠他的钟表来掌握时间，在全球安全航行。他总共制作了5个型号，光第3个型号（H3）就花了他整整19年的时间。

几年前，我和太太趁休假，坐火车穿过泰晤士河，参观位于格林威治的伦敦国家海事博物馆。博物馆展示了哈里森制造的4个型号的钟表，这些钟表制作精美，工艺考究，足以说明哈里森的技艺有多么精巧。H1、H2和H3这三个型号放在独立的树脂玻璃盒中，运行依然正常。而H4，因为尺寸比前几块小，其内部机械是封闭的，需要润滑，所以，早已定格在过去。当我仔细观察这些既是科学发明又是艺术品的工艺品时，觉得实在是太不可思议了，我被深深地震撼了！构思制造这些钟表需要多么大的献身精神和耐性啊！哈里森决定要攻克这个浩大的工程之后，就心无旁骛，专心致志，再也没有改变过，这是各行各业的成功人士共同拥有的优秀品质。

在不知道能否成功的情况下，还愿意埋下头脚踏实地地工作，这就是能够克服困难勇闯难关的成功人士的与众不同之处。成功的秘诀不是天资禀赋，不是聪明才智，而是努力与奋斗，是思想坚定，是顽强不屈。根据心理学家安吉拉·李·达科沃斯和宾夕法尼亚大学的研究团队的说法，这种成功的特性就是坚韧。

达科沃斯认为，坚韧是指一个人能够一直对某个长远目标保持兴趣，并能够不断为目标奋斗。他可能花几年，甚至几十年的时间，坚持不懈地追求同一个目标。事实证明，从一个人是否坚韧，可以预测他上高中的毕业率，在全国拼写比赛中是否能够取胜，以及他能否在西点军校熬过第一个夏天。现在的很多学生都缺乏坚韧的品质，这种品质在当今社会或许比历史上任何时期都要匮乏。

自尊运动始于20世纪60年代末期，但直到最近才稍微有所降温。受圣地亚哥州立大学的珍·特吉和斯坦福大学卡罗尔·德韦克的研究所启发，家长和老师现在开始质疑，虚伪、过度的表扬是否明智？它们会对学生产生什么样的负面影响？学生们不过是稍加努力，也没有取得什么大的成就，就大肆表扬，会让学生们以为：即使没做到最好也行，而且应该得到赏识。同时，过度表扬降低了努力工作的门槛，不能激励孩子们更加努力，只会暗示孩子们少努力。事实表明，如果被过度表扬，学生们不愿意挑战自我，尝试新事物，更害怕失败。从出生起，他们就被贴上了“很特别、很聪明、是个天才”的标签，他们害怕失去这些标签。

结果，每次遇到困难，他们就想退缩。一旦养成坏习惯，孩子们每次都想退缩，而且越来越容易拱手认输。同时，孩子们还会形成固定的思维模式。他们认为，一个人的禀赋和智力是天生的、固定的，没有提高的余地。许多学生竟然相信这种说法，危害极大。如果他们认为自己的能力不可能提高，他们的智力和能力有限，达不到学高等数学、学外语、加入篮球队的水平，那么，他们还有什么动力进行尝试呢？德韦克发现，如果一个人有成长型思维模式，也就是说，如果他相信，一个人通过不断学习可以不断成长，通过努力可以获得成功，那么，学生将有强劲的动力，不但可以提高学习成绩，而且可以提高工作效率。坚韧的人通常拥有成长型的思维模式，这一点不足为奇。

但是，虚伪、过度的表扬并不是唯一的罪魁祸首。社交媒体和当下流行的通讯方式大量扩散信息，学生的注意力难以持久，很难专心学习，更没有动力去为长期目标而奋斗。根据皮尤研究中心2012年的一项调查，87%的老师认为，新科技让这一代人容易分心，注意力持续时间短。智能手机可以带来短暂的满足感，代替了通过努力提高自己所带来的深度满足感。学校试图和新科技争夺学生的注意力，采取的办法却是使用更多的科技产品，所以收效甚微。64%的老师认为，新科技虽然对学生提升学术能力有帮助，但会分散学生的注意力，弊端远大于益处。

现在，老师承受的压力越来越大，他们得承担更多工作，为学生提供更全面的服务，这不利于老师养成坚韧的品质，培养良好的工作习惯。好像每个月都会出现一种新的教学方法，所以，月复一月，老师的压力只会增加，不会减少，讲课越来越复杂，要求越来越详细。人们不要求老师们好好讲课，反而要求他们“满足每位学生的独特需求”。谁承想，学生们的行为表现、学习成绩和学习习惯成了老师的责任，学习越来越置身事外。

结果，老师们受这些责任拖累，不能专心地在讲台上讲课，反而跪倒在一个又一个学生的脚下。学生不担心自己的学习，老师反倒担心学生是否能取得进步。现在这种现象非常普遍，在很多教室里，老

师们好像是扛着一架钢琴，艰难地负重前行，而学生们却好像了无牵挂，轻松地闲逛，对什么都满不在乎。我们忙着帮学生迈向成功，却忘了如何才能成功。我们忘了，要成功，学生必须自己努力。而我们呢，不但自己弄得殚精竭虑，筋疲力尽，还给学生帮了倒忙。

上高中的时候，我的英语老师是比尔·海德。上他的课，你必须努力学习，没什么可说的，你不是在阅读，就是在写作，要不就是花很长时间分析句子成分。但是，他每次开课的方式都很活泼，他是个了不起的演说家和沟通者。不但人风趣幽默，而且很会讲故事，能够给我们要学的课文提供生动形象的背景知识。接下来的讨论安排得很巧妙，很自然，主要靠学生事先充分准备。他讲课引人入胜，但一做完自己该做的事情，他就放手，让学生自己学习。

我记得一次又一次地给他交小论文，他会花一两分钟的时间打分、修改，重写一些段落，然后打发我回去继续写。我记得，周末我和同学们趴在他家厨房的桌子上，连续学习好几个小时，而他一会儿做饭，一会儿看棒球比赛，一会儿在房子里修修补补。他偶尔也会走进来，给我们写几条建议，然后又出去干别的事情了。

当时，他布置的作业我们经常要花好几个星期才能做完，都不知道重写了多少次。他的方法很有效，在我小时候，比尔是我们高中的传奇人物，在整个密苏里州都是个传说。我之前提过，因为他对教材非常了解，讲课巧妙，所以能够激励学生努力学习。不上他的课已经很长时间了，但我依然清晰地记得在他课堂上的情景，因为他的课对我的人生、对我的教学生涯、对我的教育理念产生了深远的影响。他曾教过我四年，我认为他就是卓越教师的代表。

比尔·海德的教学方法对学生们产生了深远的影响，并对他们从事的职业生涯影响至深，原因有两个。第一，他慢慢地帮学生们培养起不屈不挠的精神。他们有毅力，够专注，肯花时间来解决难题。他把越来越多的课堂时间交给学生，让他们有时间来实践。

在2010年出版的《哪来的天才？》一书中，作者杰夫·科尔文讲述了心理学家安德斯·埃里克森的故事。埃里克森研究了为什么有些小提琴手要比其他人优秀，他造访了西柏林音乐学院，查阅了学院收集的大量的学生信息。仔细分析学生信息后，埃里克森把小提琴手分成了三类。第一类是优秀学生，他们能够像约书亚·贝尔一样，最终能够成为世界知名的独奏家；第二类是好学生，他们能够胜任管弦乐团的工作；第三类是普通学生，他们成不了演奏家，只能当音乐老师。

把其他因素都考虑在内，我们能够得出一个惊人的结果：很明显，他们的成就根本与天赋无关。最好的学生平均练习了1万个小时，中等学生只练习了8000个小时，而最差的学生只练习了4000个小时，而且最不同寻常的是，无一例外。在第一组学生中，每个人的练习量都不少于1万个小时，而练习量达到1万个小时的学生，全部都在第一组。埃里克森还没做调研之前，我的英语老师比尔·海德很早就知道：多让学生花时间练习写作，我们的写作水平会更高。不单写作如此，其他科目也是如此，任何教育活动都不例外。

第二，比尔·海德让我们建立起自信，相信我们有不断进步的能力，而且不单单是写作方面。跟着比尔学习，你很快就能看到自己在不断进步，你必然会得出结论：自己具有无限潜能，可以学会任何东西，技能能够达到更高水平，这样的领悟为你前进提供了强大的动力。你

明白，挫折、障碍、失落，甚至是失败都很正常，甚至很必要，能够让你不断耕耘，提升到更高的层次。成功还有一个秘诀：就是相信自己能够成功。光听别人说，你认识不到这一点。如果别人的话很真诚，一开始可能给你一定的动力，但效果仅限于此。眼见为实，你必须亲眼看到，如果集中精力努力工作，你能有多大的提高。在平常的学习中，你也得亲眼见证到自己的进步，才能意识到这一点。

教四年级学生的时候，在开学第一周，我会给每个学生量高度。学生们把象征自己身高的绳子、一件艺术作品、一篇作文和数学作业一起装在一个信封里，信封里还有一个清单，上面写着他们最喜欢的东西，比如喜欢看的电影、喜欢读的书、喜欢吃的食物、喜欢去的地方等。在学年的最后一天，我会把这些时间宝盒拿出来，让他们比较一下自己在这一年中取得了多大的进步。学生们早把这些东西忘光了，在对比自己现在和过去的作品和喜好时，学生们往往会哈哈大笑，惊讶不已，眼睛都睁得大大的，特别有意思。我这样做的目的是让他们明白，通过坚持不懈的努力，他们能够取得多么惊人的进步。

其实你不用等一整年，你可以把学生最近完成的项目、写的文章、做的演示视频与上一次做的东西比较一下，让他们看到自己的进步，这样做意义非凡：学生会很兴奋，他们会积极进取，有决心以更大的努力来迎接下一个挑战。

而现在的课堂不一样，老师们大多没给学生布置足够的练习，学生没法培养坚韧的品质，难以承担有难度的任务，同时，他们也不会真的对自己的能力有自信。因为老师们为了学生的成功付出了太多，又要承受极大的压力，所以，他们会过度支持学生，把时间都浪费掉了。他们一次又一次地重复讲过的内容，给学生提供的线索过多，提供的帮助也过多，学生做出的成绩远达不到自己的要求，却只能接受这样的结果。他们过于专注细节，每件事都要给学生讲透。

老师要组织学生进行大量的制图、头脑风暴、绘制图表、讨论等，这些活动占据的时间越来越多，所以，独立学习的时间不断被压缩。整节课老师都在教室里转来转去，神经绷得紧紧的，站在学生桌子旁边，一个接一个地给予他们帮助。同时，大多数学生却闲坐着，无所事事，因为不知道该怎么学习而呆若木鸡。

现在，很多学生一整天都没有进行过任何真正的练习。他们的听讲和注意力也会受影响，因为他们知道，老师肯定会重复教过的内容，会把知识给他们端到嘴边。学生不但对自己的学习不承担责任，也对自己的行为不负责任。老师们用甜言蜜语哄着学生，百般恳求教导，想劝学生们乖乖听话，但学生自己根本不用想应该采取什么样的行为。

要培养学生坚韧的品质，关键就是要把学习和行动的责任完全转移到学生身上。你需要做的是讲课要引人入胜，可以讲讲故事，可以关联其他内容，可以提供背景知识，你的任务就完成了。接下来，你就该放手，让学生自己来写作文，做实验，做数学题，在必要的时候，你给学生提供点帮助就可以了。要给学生们更多时间学习思考，攻克你为他们设置的挑战。他们得花几天，甚至几个星期的时间来设计项目，做作业，准备陈述内容。所以，授人以鱼不如授人以渔，只教学生怎么做，然后，就放手让他们去自己实践。

学生对作业的看法也不一样了，以前他们觉得这是繁重的任务，现在做作业成为他们实现目标的必经之路。有具体的目标很好，因为有目标，他们能够集中注意力，瞄准目标，坚持不懈地做项目，写论文，做实验。因为有目标，他们紧张的神经得以放松，内心有深深的满足感，而休息也因此变得更加甜蜜。

真正高效的教学很简单。老师们先简单清楚地讲完课程内容（以启发学生）后，通常就退后一两步，甚至要退到墙边。他们不动声色地观察着整个班级，不管学生们是在分组讨论，还是在自学，只要学生们在学习，他们就绝不会打扰。他们很少走动，因为他们不想打断学生的深度学习。学习要专心致志，才能攻克难点，他们绝不会打扰学生，让他们分心。

他们不会整理课桌上的材料，不会在房子里踱步，也不会陷入沉思。他们只观察，以便深入了解学生，了解他们的优缺点，并思考第二天的课程重点。如果学生遇到困难，他们可能会提个醒或者给点小建议，引导学生继续往下做。他们可能会在学生的耳边轻声说："我相信，你能行的。"或许，他们不采取任何行动，就看学生能不能独自解决问题。只有看到学生确实有进步，他们才会提出表扬。

来找我辅导的老师，大多已经走投无路，他们觉得自己已经筋疲力尽、苦不堪言。有些人向我哭诉，整整站上一天后，自己感觉就要崩溃了，有些人几乎无法和我对视。我告诉他们必须把更多责任转移到学生身上，并教给他们具体的操作方法。经过一个多小时的辅导，他们不再像刚来那会儿萎靡不振，他们的眼睛又重新焕发出光辉。我的话就像润物春雨，让他们如释重负。

最好把教学看作一条双向行驶的大街。你讲课要引人入胜，要把最好的东西教给学生。你要调动自己的激情和幽默感，讲故事，找关联，激发学生的兴趣。你要向学生指出美在哪里，有什么戏剧性的变化，有什么让人痛心的地方。你可以跳舞、表演，可以夸张地表达你的情感，要把课讲得栩栩如生。但是，你只负责教，然后，你就得把缰绳交给学生，把学习的责任完全转移到学生身上。你要放手，让他们成长，让他们成熟，让他们培养起坚韧的品质，让他们更够在上一个层次以及更高的层次竞争，你能给予他们的就是帮助他们形成成长型的思维模式。在你手下学上一年半载，他们就能胸有成竹，不管将来面对什么事情都能做好。

这才算得上是伟大的教育。没有压力，无须牺牲、乞求和祈祷。不用大喊大叫，不用说教斥责，也不至于每天都不想开车去学校上班。但是，你的确得改变自己的教育理念，在研讨会和专业培训会上学到的东西得有选择性地使用。你需要坚持，才能够逆流而上。你不能受制于自己的本能，看到学生们痛苦挣扎的时候，不要立刻冲到他们身旁去帮忙。也不要老听从自己内心的渴望，替学生承担更多的责任。好在一旦你看到学生们巨大的变化，一旦你体会到如此教学带来的巨大成就感，你肯定不想再回到原来的状态，这时，你才算真的破茧成蝶了。

哈里森在79岁高龄时做好了最后一款航海钟表。H5收藏在海德公园南肯辛顿科学博物馆，钟表放在一个简易的木质盒子里，表枕上包着破旧的红色天鹅绒。H5比H4更小，只有前三款钟表的一小部分大，看起来不像是钟表，更像是块怀表。表盒是纯银制的，柔和的白色表盘上均匀分布着罗马数字。表盘中间有个小小的铜质星星，有三根普通指针指示时间。

尽管设计高雅简洁，钟表本身并没有太多值得看的地方。钟表没有专门的陈列室，也不像大英博物馆里陈列的罗塞塔石和大宪章那样吸引大批游客，但是，它就静静地摆在那里，像哈里森一样平静，一样决绝。这块钟表不仅代表着当时最伟大的科学发明，而且是坚韧、毅力和成长型思维方式的象征，从这个角度看，它的价值无可比拟。

第9章 杠杆效应

SWAY

与学生建立良好的师生关系，它将令你身心愉快且值得信赖。

我在屋里，

他们却要推倒四周的高墙。

我注视着窗外，

迷茫了一会儿之后，重新找回了自我。

——选自U2乐队的单曲《永远追随》

我在小学教了很多年书，在教室里讲过课，也当过体育老师。之后，我又跳槽到一所高中。我觉得换工作特别棒！尽管小学生和高中生差异很大，但他们远比我想象的要相似得多。毕竟，他们都是孩子，都是活生生的人，都在找寻自己的理想和人生目标。

除了教授的年级不同，我平常的工作安排也和以前不一样，现在我只上半天班就可以了，这在我从业25年来还是头一遭。不上班的时候，我可以写作，可以辅导老师。我一般是在中午时分到学校，先在拥挤的停车场找地方停车，然后进办公室和同事打个招呼，查看一下信箱，这样我那天就算是签到了。办公室后面有一间小厨房，通过厨房门，就能走到一间宽敞的多媒体会议室。有一天，在会议室里发生了一件事，至今想起来我仍然觉得汗颜。

和高中生相比，小学生在公开场合更友好，尽管他们10分钟前才见过你，但在操场上看到你，就算在操场两头，隔得很远，他们还会用吃奶的力气和你打招呼。高中生则不同，他们特别在意自己在同学们眼中的形象。我这么说，并不是批评他们，我知道，这说明他们成长了。我发现，高中生其实和小学生一样友好，只不过不愿意公开表达而已，毕竟，他们必须保持自己在社交场合的形象。在朋友们面前，他们很谨慎，很小心，就算看到你经过，他们或许连头都不抬一下。所以那天，当无意中发现有个女孩正盯着我看时，我吓了一跳。

那天，我从办公室出来，经过厨房区去教室上课。她和一大群朋友坐在一起，其中几个还是我班上的学生。她看着我，咧开嘴对着我笑，好像我们是老朋友一样，她表现得落落大方。从她的表情和动作来看，我们应该非常熟悉，甚至还应该是生死之交，比如曾一起从一场大灾难中逃生，或者一起被困在电梯里好几天过。

她看起来很信任我，这是一种只有家人和最亲密的朋友之间才有的信任。可我才来学校不久，而且上次来学校公干是很久以前的事情，所以，我之前根本不认识学校的学生。我转过头，看着她，做了我当时唯一能做的事情，我微笑着对她说："你好！"她的朋友们奇怪地看着我们。她笑得更灿烂了，对我说："您不记得我了吧？"

我迅速在记忆中搜索了一遍，但一无所获。真是太奇怪了！很明显，从她的言行来看，或许我们是远亲，只是多年没见面了。或许，她认错人了，说不定把我当成了在海湾战争中救过她父母的英雄。"不好意思，"我说，"我们以前见过吗？"她沮丧地垂下了头。看来，我竟然不记得她，对她的打击很大。现在，我敢确信，她一定是认错人了。如果一个人会因为我认不出他来而难过，那么，我们肯定已经非常熟悉，我肯定能够认出她来。她长长地叹了一口气，然后举起双手，喊道：“我上二年级的时候，你是我的体育老师。”

现在，我必须提一下非常重要的一点。作为教育专家，我每周要见400～600个学生，这么多年来，我已经教过上万名学生。很多学生会返回母校看我，他们会问我：“您还记得我吗？”几乎每次我都能在他们眼中看到一些似曾相识的东西，能让我回想起他们过去的样子或者声音，让我想起他们的名字。之所以能认出他们来，还有一个原因，是因为我敢肯定我认识他们。如果有场景，就更容易唤醒记忆。可这个学生的情况不同，七年来，我再没有见过她，所以，不太容易回忆起来。等她说起我们在哪里认识后，在她身上，我似乎又看到了那个在操场上跑来跑去的活泼的七岁孩子。

这件事之所以奇怪，是因为那时候我几乎不认识她。一个老师每周要给那么多班级上课，可能和很多学生都没有说过话，更别说记住他们的名字了。七年来，我们再没见过面，也没有说过话，然而，虽然朋友们就在跟前，但她仿佛把我当成了值得信赖的知己，对我尊重有加。

我把她当成我现在的学生，问她学习成绩怎么样。她告诉我说，自己没有认真学习，而且感觉很痛苦。我说，我会密切注意她的表现，希望她从现在起努力学习，提高成绩。如果回到七年前，我可能也会这样和她说话。七年前，我教她体育，一周才能上一次课，但是，尽管时光流逝，我对她的影响却持续了这么多年，到现在也没有弱化。事实上，这并不令人意外，这是一股强大的力量，足以让冥顽不化的学生改变想法，付诸行动。

小时候，我经常帮爸爸打下手，我要做的无非拿着手电筒给他照亮，帮他递递工具，而且好像我还老是找不到东西。有时候，他还让我帮他抬一下重东西。有一天早上，天气很冷，我还在睡觉，爸爸把我叫起来，让我帮他修后院的狗屋。因为地面比较软，狗屋的一角倾斜了，支撑物承受不住压力，陷进地里了，我爸爸养的几条猎狗只能斜着睡。我们计划把狗窝抬起来，把一些提前切好的四寸宽二尺厚的木块填到塌陷处，从下面把狗屋撑起来。但问题是，我们俩劲儿不够大，只能抬几英寸。

我站在那儿，双手抱臂，发愁该怎么办。爸爸走进车库，拿回来一根六英尺（约1.83米）长的铁棍。每到冬天，房子的门口、楼梯和走道上会结冰，爸爸经常用这根铁棍破冰（爸爸破冰的时候，我就帮他铲冰）。然后，他从附近找了一根三棱形的结实的大原木，放在狗窝旁边，距离狗窝约一英尺（约0.3米）左右，作为支点。他把铁棍放在原木上，把铁棍的一头塞入坍塌处，做成一个杠杆。然后，他笑着让我用力撬。

我只轻轻地动了一下身体，就把狗窝抬起来了，然后爸爸把木块塞到下面。当时，我才七八岁大，帮家里干家务的时候大多像梦游一样，但这次不同。我完全没想到，只用这么一点点力气，竟然可以产生如此大的能量！自此以后，碰到问题，我就一直致力于找到最省时省力的解决办法。那天，就在我家后院，我第一次意识到：只要方法得当，你可以解决任何问题，甚至可以影响任何人。

在教育界，人们总说，和学生建立私交很重要。但是，人们很少会提到到底该怎么做。老师们只能自己摸索，他们大多选择通过和学生对话来与之建立关系。他们以为只要多和学生在一起，就能找到共性。他们想和学生进行一对一的互动，和学生建立起亲密的关系。这样做并没有错，不过，这些方式能起到的作用不够强。不但需要很长时间才能看到成效，而且结果也往往不可预料。此外，如果过于故意为之，反倒会让学生们待在你身边的时候觉得不舒服。特别是如果你张口就提当下的流行文化，或者故意用学生中流行的语言来讲话，那么，你看起来一点都不真实，甚至让人感觉有些绝望，很多老师就是这样。

所以，为了对学生更有影响力而和学生建立私交，想法是没错的，只不过，教师们采取的办法不够聪明，效果也不理想。如果是靠装酷，或者是放下身段，以同龄人的身份去和他们交朋友，都不行，肯定会事与愿违，而一一和学生建立联系根本就不可能。好在有一种办法，让你不需要多花时间，在课堂上就可以和每一位学生建立起联系。如果使用这种方法，不管你教的是幼儿园的小朋友，还是高中生，你都会成为他们追随的领袖，学生们会自然而然地受你影响，心甘情愿地遵守课堂纪律，向你学习，讨你的欢喜。

一共有两个原则。不管你的性格是内向还是外向，个子是高还是矮，是新手还是老手，只要同时使用这两个原则，你就能够有足够的影响力，让你的学生们产生强烈的求知欲，遵守课堂纪律。只需要付出一点点努力，你就能利用杠杆撬起最重的东西（比如说可以搞定最难缠的班级）。一走进教室，你就知道学生们会遵守课堂规矩，会听你的话，会拼尽全力去学习。不管你意欲何方，他们都会紧紧地追随你。这种感觉多么令人陶醉啊！就像我用那条铁棍撬起狗窝一样。教书育人的乐趣，就在于此。

最近，一个朋友给我寄了一张CD。10年前，他正处在人生最重要的节点上，曾经独自听过这场音乐会。最近，他在网上发现了这张CD，而且知道我也喜欢这位艺术家的作品，所以就想到了我，想和我一起分享他的感受。接下来的几周，我们相互发了好多次邮件，讨论最喜欢的歌曲，分享音乐会中的精彩瞬间。这样的交流特别有趣，而且让我们的友谊更进了一步。30多年来，我们一直都是好朋友，以前他也经常对我有类似的友好举动，但我仍然被深深地打动了。

我们两个对音乐的品位相似，而且还喜欢交换图书。我要是喜欢哪本书，下次去见他的时候，就会给他带一本。几年前，我买了亚当·马科斯写的《致命区域：一个关于使命、荣誉与拯救的二战故事》，他也很喜欢看。很凑巧，收到他寄来的CD没几天，亚当·马科斯又出了一本新书，我知道，我得给我俩各买一本。

或许我本来就会给他也买一本，但事实不是这样的。事实上，正因为他最近这么友好，所以我才特别希望也对他好。社会心理学家将这种渴望叫作回报定律，回报定律是指，如果有人对我们好，我们内心深处就会有强烈的心理欲望，想给予回报。这种渴望非常强，几乎不可能被压抑下去。所以，两个老朋友或者一对恋人一起吃饭后，会轮流付钱。如果有人给我们寄生日贺卡或节日贺卡，我们也会给他们回寄。在酒店，哪位服务员的服务最好，拿到的小费就最高，也是这个道理。要对学生产生影响力，就要遵循这个原则。

要想和学生建立密切关系，要想影响学生，让他们改变自己的行为，你一定要一直保持快乐的情绪，听起来你可能觉得摸不着头脑。而且，你不用专门单独找每个学生，听起来你可能也觉得不可思议。

事实上，我前面也提到，如果你单独去找每个学生，反倒会让他们觉得不舒服，往往会事与愿违，他们和你更疏远，隔阂更深。相反，如果你性格友善，对人和蔼，学生们自然无法抗拒你的魅力，会被你吸引，就算是那些最难缠的学生也不例外。其实，可能对这些学生最管用。他们想接近你、了解你。如果学生愿意接近你，那么你们就容易交流，不费吹灰之力就能建立起密切关系。那么，他们认为你说的话有意义，有影响力，自然会认真听讲。

虽然我让你一直和善，但你依然可以“残忍地”说实话，你对他们失望的时候，你觉得他们不够努力的时候，要告诉他们！我让你和善，是让你以后看到学生捣蛋的时候，永远不要对他们发火。对学生和善，他们就会追随你。前面提到的那个学生，七年来我从来没有和她见过面，但她依然把我看作亲密的家人。尽管我不太了解她，但我的影响力一直都在，这就是原因所在。如果你不断应用这个原则，会越用越觉得得心应手。你会发现，越能避免直接和学生建立联系的冲动，这个原则的效果就越好。所以，你不但不用努力培养和学生的关系，而且你最好别那么做。然而，还有一个棘手的问题。

你知道吗？回报定律从负面的角度来看也成立，所以，如果有人觉得你对他们心怀恶意，那他们也很可能对你抱有恶意。举个例子，如果有人在堵车的时候加塞，我们很难压制住也把他挤到后面去的念头。所以，许多老师不想在课堂上应用这条原则，一直苦于课堂管理不善，就是因为：一旦你的行为举止，做过的某件事，或者是发表的某条评论让别人产生负面的看法，就很难改变他们的想法，很难把他们争取过来。有时候，时间和耐心可以改变他们的看法。有时候，一切努力都无济于事。

很多年前，我还没有结婚的时候，隔壁住着一对夫妇。有一天，他们做了丰盛的西班牙肉菜饭，请我去吃晚饭。在他们的文化中，吃晚饭要花很长时间，有客人的时候尤为如此。人们一边吃饭，一边聊天，一边讲故事，慢慢消磨时光，有时候一顿饭能吃几个小时。而我不得不承认，我走得实在太早啦，实在是太尴尬了！即使是向他们表达了谢意，依然也很不礼貌。我确实做得不礼貌，我感觉很糟糕。而且，从他们的行为来看，我知道我伤害了他们，我让他们失望了。后来，看见他们在院子里，我试着和他们聊天，邀请他们到家里来做客，但他们就是不接我的茬儿，我们再不可能像那顿晚饭以前那样做朋友了。

和学生也是这样。每当你批评他们，朝他们吹胡子瞪眼，甚至不理他们的时候，你会让你们之间的关系倒退，有时候，关系一旦恶化，根本不可能被挽回。一定要记住，我说的是：你必须一直很和善，不是偶尔对学生和善，也不是基本上和善，而是要一直对学生全身心地和善。我知道，教室里发生的一些事可能让你觉得根本就做不到这一点，它太不现实了。因此，我们还有第二个原则。如果你遵守第二个原则，那么你日复一日，年复一年，就能一直对学生和善。不但有可能，而且确实做得到。

第二个原则是信任，你的学生们必须毫无保留地信任你。当你说要做某件事，或者准备做某件事的时候，他们知道你肯定会言出必行。你的课堂规则最能培养学生对你的信任，你要列出所有可能出现的违纪行为，制定相应的一套规则，然后一丝不苟地执行。这样的话，你和学生不会有摩擦，学生也不会仇视你。也就是说，你要让课堂规则挑起重担，这样你就不必再生气，也不会沮丧。

关键是你一定要保持冷静，不偏不倚。学生们必须明白，你并不是针对某个人，你并没有恶意，而且你随时会原谅他们。倘若你对学生一顿训斥，随意挖苦，或者单方面地表达一下自己的想法，那你可能会逆转回报定律，破坏和学生的关系，也会干扰问责过程。在课堂上，我们一定要有界限，不要逾越界限，不乱发脾气，不强迫学生，这样的话，学生就能真正信任你，尊重你。

你对学生和蔼可亲，学生信任你，两者结合，才是学生不破坏课堂纪律的秘诀。同时，还能激励学生进行自我反省，保护学生不受干扰，营造出学生愿意参与的学习氛围。很多老师没有保护好学生专心学习、享受学习的权利，所以，学生们私下里不喜欢他们，甚至憎恨他们，会偷偷地在课堂上捣乱。所以，让要课堂规则时刻为你站岗放哨，那么学生就不会不遵守课堂纪律，你的威信会大大增强。

有些客户第一次和我讨论信任与言行一致的时候，会有所怀疑，他们不确定自己能否做到。他们觉得，看到学生破坏课堂秩序，很自然地会责怪那个学生，得需要多大的意志力和自制力才能抑制这种本能呀！不过，我发现，只要他们明白这样做的重要性，明白其中的原理，他们就会不断去尝试，并最终变成习惯。此外，一旦他们亲眼见证到课堂由此而产生的巨大变化，一旦感受到前所未有的轻松，他们绝对不肯再回到以前，不愿再背负那如山的重担了。

让课堂规则负责惩罚，老师们绝对不想用手指着学生骂他们，不会表现自己的不痛快，而且，也会杜绝报复学生的想法。教室里会充满爱和尊重，教室里积攒了几年，甚至几十年的苦口婆心、训诫规劝，甚至威胁恐吓，都会消失殆尽。老师们会发现，他们并不是真的想和学生斗，他们只不过是依赖管教来度过每一天罢了。他们的本性其实很和蔼，很友善，而且他们本来很喜欢学生。其实，多年来，他们一直想跟随本心，做个好老师，可惜事与愿违。

在曼哈顿切尔西区，有一段一英里半长的火车轨——西线穿城而过。西线火车轨道自1980年起就废弃不用了，到90年代中期，火车轨道已经摇摇欲坠，破烂不堪。这时候，切尔西开始涌现出各种艺术展览馆、酒店。切尔西的居民，包括前市长鲁道夫·朱利亚尼坚决要求把火车轨拆掉。1999年秋天，乔史华·大卫和罗伯特·海蒙德成立了一个西线之友的组织，呼吁拯救老旧的铁轨，模仿巴黎市的做法（巴黎把废弃的火车轨道改造成了绿荫步道），把西线改造成带状公园。

一开始，西线之友的影响力很小，发展很慢，其中最大的障碍是，光靠语言没有办法让人们想象到改造后的西线的样子。直到摄影师乔尔·斯坦菲尔德的出现，这项提案才得到广泛的关注。乔尔爬上高架桥，把看到的建筑物之间的花草、漆树和灌木丛都拍了下来，照片非常震撼。人们看了照片，才相信，把西线改造成公园确实对整个城市有万般好处。现如今，西线已经变成了一个美丽的花园，里面有可以漫步的小道，漂亮的花圃，让人放松的长椅，在上面视野很开阔，能够看到市区。尽管大卫和海蒙德，还有他们创办的西线之友启动了这个项目，但真正扭转局面的却是乔尔·斯坦菲尔德和他拍的照片。他做的事情虽然简单，却能够推动人们采取行动。

很多老师本来待人亲切，为人坦率，但早上上课铃一响，一走到学生面前，马上变得又紧张又暴躁，像是变了一个人一样，都叫人认不出来了。他们觉得自己有责任督促学生遵守课堂纪律，所以，从早到晚老是心事重重，小心翼翼。因为深感压力巨大，他们只能把真实的自己隐藏起来，不敢展露自己的个性，无法集中自己的注意力，不能专心激励学生，享受教书育人的乐趣。

应用这两个原则，你天天都可以无拘无束地做真实的自己。你可以大笑，可以即兴发挥，师生关系会更坚固，你可以对学生产生更深远的影响。就像乔尔·斯坦菲尔德的照片一样，只有依靠回报定律，只有当你可靠，值得信赖，你才能感动学生，影响学生。这两个原则就是你的支点和武器，有了它们，你能够营造良好的课堂气氛，学生们都愿意来上课，愿意在课堂上配合你，你就可以自由地讲课、教学，和学生们互动、交流。

第10章 学会倾听

LISTEN

不管在哪里，你讲话越少，尊重你的人越多，和你配合就越容易。

我们有两只耳朵，却只有一张嘴，

我们倾听和说话也应该是这个比例。

——选自苏珊·凯恩的《安静：内向性格的竞争力》

在最受欢迎的一条攀登喜马拉雅山的路线上，最下面是一大块起伏破碎的冰川——昆布冰川。尽管昆布冰川是攀登的第一步，但一直以来，人们都认为，这一段路最危险。昆布冰川就像一个迷宫一样，有大块碎冰、裂缝，还有楼房那么高的冰块，登山者必须用60多个8英尺（约2.44米）高的梯子和6000多英尺（约1828.8米）长的绳子，从中闯出一条路来。登山者需要集中精力，花三四个小时，才能穿过昆布冰川。很多梯子绑在一起，放在深不见底的冰隙上，登山者每迈一步，手每动一下，都必须精心考虑。万一滑一下或者失去平衡，登山者就会掉入裂缝里，或者会迅速滚下山去。

2001年，艾瑞克·维汉梅尔毫发无损地闯过了这块险境，几天之后，成功登上了世界最高峰。诚然，对任何人来说，这都称得上是一项壮举，更何况，艾瑞克是个盲人。其实，艾瑞克是全球最成功的探险家之一。2014年，他独自划皮划艇穿过了277英里（约445788.29米）的大峡谷。2000年，他骑着山地车，从旧金山一直骑到了丹佛。2008年，他登上了印度尼西亚的查亚峰（位于巴布亚新几内亚与印度尼西亚交界处，海拔5030米，是大洋洲的最高峰——译者注），成为全球首位登上七大洲最高峰的盲人。他还曾沿着The Nose路线登上约塞米蒂国家公园的埃尔卡皮坦山（美国加利福尼亚州东部内华达山脉中的一座山，The Nose是山上的第一条大岩壁路线，至今也是山上最受欢迎、最经典的一条路线——译者注）。他曾经参加长达457英里（约764438.4米）的探险比赛，曾经独自跳伞50次。每次探险时，都有一个团队支持艾瑞克的壮举，用独特的方式和他沟通，帮助他战胜一路上的挑战和障碍。不过，艾瑞克的成功还得益于其独特的感觉系统：回声定位法。

回声定位法其实是一种声纳系统，人类或其他动物，比如蝙蝠和海豚，向周围发出响亮的声音，然后通过回声来分辨周围环境中物体的大小、形状和距离。所以，艾瑞克在小区散步的时候，只要动一动舌头，就能够想象出树木、房子、停放车辆和信箱的位置。

丹尼尔·基什是全球人类回声定位法的顶尖专家，他早在1岁的时候就失明了，通过训练，他能够“看到”1000英尺（约304.8米）远的建筑物。他可以分辨出车的型号，甚至能区分开墙面和钢丝网围栏。迈克尔·芬克曾在《男士期刊》中撰文写道，通过打响指，接收、解读回波，他的大脑里“能够形成丰富多彩的画面，栩栩如生”。然而，声波很微妙，需要极其专注才能捕捉到。要想在周围乱七八糟的声音里把回声挑出来，耳朵要经过大量训练，听力要很敏感才行。视力正常的人也有同样的潜能，只不过因为他们可以看到图像，所以没有必要去捕捉回声。其实，每天我们都湮没在各种回声中，只不过我们没有听的必要而已。

和其他动物相比，人类具有非凡的听力，但人类很少充分利用自己的听力。事实上，很多研究表明，人类其实大多不太擅长倾听他人。听着发言人讲话，他们的注意力总会分散，脑子里总会浮出别的想法：轮到我发言的时候，我该说什么呢？我将来该怎么做呢？

讲话的速度赶不上思考的速度，所以，在发言人停顿的时候，人们可能会跑题，会胡思乱想。同时，人们在听别人讲话的时候，可能会对发言人进行评价，可能会把听到的想法和观点与自己的想法相比较，看看是否匹配。有这样的想法很普遍，因为教育领域总是存在很多针锋相对的观念和经验，所以，更难真正倾听别人的想法，理解别人的观点。而且，时间紧也是个问题，在课堂上，那么多学生想表达自己的观点，时间尤为紧张。

我和太太住在圣地亚哥市的一个峡谷里，几条峡谷蜿蜒穿过城市里的大片土地，是隐藏在大片房子和小区后面的天然绿洲，在绿色植被和野生动物之间，徒步小道和自行车道蜿蜒穿过。尽管离旅游胜地仅有“一箭之遥”，但很多人从来没听说过这里的美景。站在后院的露天平台上，我们能够看到浣熊、郊狼、狐狸，还能看到老鹰在天空盘旋。峡谷里大多数时候很安静，洋溢着快乐的气息，但时不时地，我们能听到远处传来一阵阵喧哗。一开始，听起来像是兄弟姐妹在吵架，因为听上去像是在抱怨或诉苦。刺耳的声音越来越近，音调越来越高，弄得我们都没法谈话。客人们会问我：“这是怎么回事？”我们每次都会走到露天平台上去探个究竟。

后来，我们终于弄清了那吵闹声并不是人类吵架的声音，而是小区附近的鹦鹉发出的叫声。圣地亚哥的海滩呈现出鲜艳的绿色和红色，在海滩上的小区里，有好多鹦鹉。没有人知道鹦鹉一开始是怎么到海滩上的，有的专家认为，这些鹦鹉是从墨西哥迁徙过来的，但也有专家说，这些鹦鹉是养的宠物，后来被放生了，然后开始交配、繁殖。鹦鹉飞翔的景象很壮观，它们通常二三十只为一群，飞的时候，没有固定的队形，哪个方向都有，但彼此之间的距离不会超过几英尺。只有当它们落到树上，开始咀嚼花朵、浆果的时候，它们好像才终于能够安静一会儿了。

它们好像一边飞，一边叽叽喳喳，吵闹个不停，一群鹦鹉就像是一座地狱之城（英国诗人弥尔顿在《失乐园》中所描写的地狱——译者注）。研究表明，鹦鹉的语言系统非常发达，它们能够用声音表达悲伤、害怕、愤怒，甚至是惊讶的感情。但是，尽管吵吵闹闹，乱糟糟的，它们相互还能进行高效的沟通。

然而，人类在嘈杂的环境中，却很难倾听。你越是全身心地投入，注意听讲，就越能明白对方的意思，理解得越深入。所以，我们要减少以至于最终清除掉教室里让人分心的东西。要吸引学生的注意力，增强他们的理解能力，分散注意力的东西越少越好。很多老师都明白，这是学习的关键，很重要，所以，几乎每个老师都会优先考虑如何让学生在课堂上更认真听讲，但是，人们却很少提及老师们学会倾听的重要性。

在生意场上，在医疗行业、法律界或娱乐界，人们认为，倾听对成功极为重要，所以，必须善于倾听。可是，人们并不觉得倾听对教学有多重要。如果在谷歌上搜索相关的研究，你只能搜出零星的几篇文章。但事实上，只要你更擅长倾听，你就能做得更好，就能够改善师生关系，你会更受学生尊重，工作更愉快，只可惜，没几个人知道这个秘密。

按照传统的说法，聆听别人说话时，你要直视说话者的眼睛，与之进行目光接触，要不时点头，不时应和。此外，听众还要察言观色，有耐心，不偏不倚。但是，光照着这份清单做，你会觉得呆板，不自然。尽管这些建议本身不错，但会让你们的互动像是故意而为之。

如果你像阿德勒学派的治疗师一样，在听别人说话时，不停地点头，不停地让他们“继续说下去”，不停地说“我听你刚说的是……”那么，发言人也会产生一种错觉。如果你每次开始和别人对话都遵守规则，背负着沉重的负担，那你肯定坚持不下去，肯定会恢复到原来的样子。幸运的是，想做个好听众，不想每次打断别人说话或走神之后就后悔地用橡皮筋弹自己的手腕，还有更好的办法。

理查德·布兰森一生创办了几百家公司，业务涉及很多领域。早在16岁时，他就为自己创办的杂志《学生》采访了米克·贾格尔（滚石乐队主唱），从而进军出版业。接下来，他创办了一个唱片公司，然后是航空公司，随后又成功进军通信业、技术产业和银行业。他成立的维珍集团目前在全球有6万多名员工，业务遍及十几个国家。谈及成功，他经常提到父亲给他提出的建议，他觉得这是他听过的最好的建议，他经常在文章或访谈里提到父亲的建议。他最近写了一本书叫作《维珍方法：怎样听着学，笑着领导》，父亲的建议作为主题贯穿书的始终，而18世纪的小说家简·奥斯汀认为这不过是个老套实用的常识。这个建议，简单说来，就是少说话。

我们脑子里有个声音，期望能够表达自己的观点、想法和主张，当我们有意识地下决心少说话的时候，这个声音就自动被关掉了。当你下定决心只聆听，而不去想着在谈话中插入自己的想法时，就会惊讶地发现，不仅自己的压力减轻了，还可以学到更多东西。我发现，要迅速提高教学质量，提升职业满意度，这是最好的方法之一。

少说话，多倾听，首先会让你和同事们更好地相处。有些老师对其他人的想法毫无兴趣，在开年级大会、专题会议和员工会议的时候，他们都要霸占说话的机会，声嘶力竭，滔滔不绝，事无巨细，每个想法、每个观点都要详细说明。他们好像根本没有意识到，别人也应该有分享自己想法的机会。因为他们，会议总不能按时结束，而他们这么做，常常只是为了让自己有面子，显示自己很特别。

但他们的所作所为实际上会让同事对他们敬而远之。本来大家是一个集体，应该共同努力让学校得到所在社区的学生和家长的认可，但是，因为他们的存在，这个目标更难以实现。其他人本来在会上学得好好的，配合默契，但只要他们一出现，这种和谐的氛围就会被打破，甚至有时会遭到严重破坏。他们很难和别人沟通、配合，很难得到别人的喜爱。

我在很多地方教过课，我发现，不管在哪里，你讲话越少，佩服你、尊重你的人越多，和你配合就越容易。当然，当你确实有有益的建议、重要的内容，就可以大声地说出来。少讲话，并不是让你行为粗鲁，不是让你表现得事不关己高高挂起。少说话，是让你把"让别人说、自己听"调整为自己的常态，这样做，益处良多。

首先，你更有学习热情。如果你没打算一定要开口讲话，那么你聆听其他人的效率自然更高。你能够掌握全局，理解最新战略、策略和教学方法的优势和劣势。开口的时候，你可以概括别人的谈话，理清别人的观点，简化别人的理念，那么你说的话就真正有用，会让每个人都受益。有趣的是，如果一个人善于倾听别人，那么等他们开口的时候，人们会表现出极大的尊重。人们会坐下来，仔细聆听，因为他们知道自己会听到有用的东西。

提到做个更好的倾听者，人们常常建议要感同身受。你必须设身处地地为发言之人着想，努力想他们所想，对他们感同身受。这条建议当然很重要，但也可能误导人们。能够移情是果，仔细聆听是因，因果关系不能倒过来。一旦你下定决心不开口讲话，只注意发言人的讲话内容，你不用多费劲，自然会从他们的角度来看问题。讽刺的是，试图做到移情会分散注意力，让你不能好好地倾听别人的谈话。

你经常还会听到人们建议你先思考，后开口。如果你先考虑好自己要说的话，就不会打断别人，也不会说没用的话。但是，像移情一样，说得好是因为你好好听别人讲话，而不是因为你在别人讲话的时候就想好自己要说什么。

少说话，你看起来更有想法、更聪慧。你沉默，正说明你看重其他人。你看重他们的时间和想法，人们可以表达不同的观点，大家逐渐成长为一个集体、一个学校，你很珍惜这个过程。根据互惠互利的原则，在互动时，双方会更加谦恭有礼。其他老师、职工和家长会更珍视你的时间，更尊重你，你们的对话会更加愉悦高效。少说话，你会有更多时间思考、准备、组织课堂教学。你会注意到，学生们在课堂上很少打断你，几乎没有人和你争论。你的压力会大大减轻，你能够专心教学。而且，人们对你的看法变了，对你的态度也变了，你与周围人会更快乐，彼此之间更有礼貌，这是最大的改变。

这些年，有很多老师问我，我到底是怎么“幸免于难”的呢？他们觉得很奇怪，我的课堂上怎么从来没发生过戏剧性的事件？我怎么没和学生因为个性不合而产生冲突？为什么我好像在做一份完全不同的工作？为什么我的日常经历和他们的完全不同？为什么我没像他们一样，每天压力重重，麻烦不断？

当然，主要原因我在前面几章已经讲过了。如果你工作的时候很快乐，效率很高，那么万事都不难。但是，要想一直受人尊重，充分利用自己的时间，关键在于坚持只说必要的话。要注意，如果你是因为心情不好或者是因为没有礼貌才不开口，那前面所说的好处就完全谈不上了。认识到这一点很重要，你必须对外彬彬有礼，笑容满面，见面就打招呼，你必须对别人感兴趣。你或许也有亲密的朋友，和他们在一起的时候，你可能更健谈。但一般说来，你讲话越少，在工作中越有满足感。

多年来，我常常有机会走进课堂，进行观察。老师们经常要求我走进课堂，对他们的教学提出改进意见。基本上我每次都会说，他们说得太多了。如果老师们能把自己讲课的时间至少减少三分之一，他们肯定将受益匪浅。

有些老师觉得有必要时时刻刻提醒学生，多给学生提供信息，多给学生提建议。同样的话，他们重复了一遍又一遍，不管是常规任务还是新任务，他们都要喋喋不休地求着学生、鼓励学生，一路给学生指导。他们经常自言自语，还没有想好要给学生们说什么就开口了。为了能让学生听到，加强学生的理解，他们经常要提高嗓门。但是，你说的越多，声音越高，学生越不理睬你。

要提高课堂听讲效果，最好是少说话。如果你惜字如金，你表达的信息更加简洁明了，更有影响力。对于学生来说，你的话就更有意义，更能激励学生行动。少说话还有一个好处，它会让你更受学生欢迎，你不会浪费学生的时间，教室里不会充斥着噪音，课堂气氛也不会紧张。只要开口，必定要给学生提供有价值的信息。学生会更专注，学习效率更高。此外，一旦少说话，你也有时间仔细观察学生，深入了解学生。你可以真正倾听，了解学生的所思所想，改善师生关系。如果学生们觉得自己有发言权，有人在乎他们的想法，他们就会放下戒备，进入忘我的学习状态。

里士满大学的研究人员斯科特·约翰逊和柯特·班契勒通过研究发现，聆听技巧与高效领导力之间具有很强的相关性。我发现，这个结论在课堂上同样适用。然而，近来我发现，在辅导教师时，倾听同样重要。

在每次辅导课结束之后，我会分析自己的表现：我是不是已经准确地给客户提出了提高教学质量的建议呢？留出几分钟的时间来自我反省，效果非常好，能够保证我的服务质量。过去18个月以来，我一直通过Skype提供咨询服务，我发现，如果客户很健谈，能够清晰地表达他们面临的挑战和挫折，咨询效果更好。我能够对他们的情况做出更好的评估，能够给出更详细的解决办法。

所以，我对辅导课程做了两大调整。首先，我设计了一个调查问卷，这样更容易找出问题的根源，我也更明确自己将从哪个方向入手，提出建议。其次，我下定决心在辅导课上少讲话，尤其是在开头的20分钟，我鼓励他们分享、表达，我只是仔细倾听。这样，我不但能够挖掘信息，有的放矢，给他们提供可靠的帮助，而且，我和顾客相处融洽，很快就能信赖彼此，建立起深厚的友谊。

接下来，我再指出问题所在，并提出解决的办法。通过上辅导课，我更加明白了多倾听、少说话是多么的重要。一个又一个证据表明，多倾听、少说话让你更有亲和力，有助于改善师生关系，能够做个更好的老师和同事。

有一年，我教的六年级班上有个学生，是个盲人。对于班上的同学们来说，和她相处是十分难得的经历。她聪明幽默，敢于和任何人叫板。她要求朋友们对自己绝对忠诚，甚至到了让人受不了的地步。她在生活中热情奔放，无所畏惧，敢于表达自己的想法。她博览群书，经常分享自己的感人故事以及她喜欢的书籍。她让我和学生们明白，万事皆有可能，这才是她的最大影响力。她无惧无畏，乐于尝试，就算可能丢脸都不怕。她不会在乎对方的身份，不在乎他们是否受欢迎，她喜欢和每个人交往。从她身上，我们学到了成熟稳重和突破界限。在这个方面，我望尘莫及。

同时，她还会做些正常人的逻辑无法解释的事情。她凭我的脚步声就能认出我来，并且能准确找到我的位置。就算是我故意手舞足蹈，掩饰行踪，也无济于事（她特别喜欢和我玩躲猫猫的游戏）。我们在教室另外一头说话，她都能听到，还会大喊："我听到你们啦！"在操场上，她能准确地把球传到我手里。尽管我们可能永远不会像她，或者是像艾瑞克·维汉梅尔或丹尼·基什一样，有惊人的听力，但我们都因少说话而大大受益。

玛雅·安吉罗曾经说过，如果你不喜欢，那就去改变。下定决心先等等看再开口，先聆听后说话，就是一种改变，你会更快乐，你的效率会更高。这是二八定律的最好例子。稍微调整一下沟通方式，把重心从说话调整到倾听上，你会有十倍的收获。

一起来试试吧！

第11章 抓住机会

SEIZE

在职业生涯中，幸福不会从天而降，你必须主动出击，抓住机会。

我们正要起航，

永远不会回头。

——选自安德拉·黛的单曲The Light That Never Fails

（《攀登梅鲁峰》的片尾曲——译者注）

玛丽娜·卡诺是位野生动物摄影师，她曾在全球各大期刊发表摄影作品，获得过摄影奖项。摄影这个行业竞争非常激烈，她之所以能够脱颖而出，主要是因为她具有一种神秘的力量，可以抓住拍摄对象的情感。例如，她在马赛马拉（肯尼亚西南部的一个大型猎物禁猎区，位于肯尼亚裂谷省纳罗克附近——译者注）拍摄的大象，在卡巴尔歇罗自然公园拍摄的大猩猩幼崽，让人感觉很亲切，很个性，非常动人。她拍的照片栩栩如生，如同肖像一般。看到照片，你会觉得，她是由上帝之手放到那绚丽时空、光线和脆弱自然之中天生的摄影师，然后，野生动物决定要摆好姿势，让她拍照。

在访谈中，卡诺不停地使用“自由、平和、创造力”等词语。她谈到，生活要有激情，我们每个人要勇于追求梦想。还在少年时代，她第一次接触到了摄影，之后就一直怀揣着做个摄影师的梦想。在拍照的时候，她深深地沉浸于工作中，忘记了吃饭，忘记了时间，而这正是进入忘我状态的两个标志。

但拍摄野生动物并不总能遇上落日和彩虹，也不会永远带给摄影师深刻的体验。事实上，这是全世界最艰难、最具挑战性的职业。卡诺连续好几天躲在丛林里等着拍照片，有时候还拍不到，只能无功而返。她睡在帐篷里，帐篷上面必须搭着蚊帐，而营地后面危机四伏，随时会有危险。她一直服用治痢疾的药，所到之处过于偏远，只能徒步前往，这些地方根本没有任何医疗设备。她花了成千上万美元买设备，雇用当地向导，而且根本不知道自己能不能得到报酬。她的拍摄水平可能和上一张照片相比，并没有什么进步，这也是常事。

但是，她坚持着从未放弃。她不断学习，不断调整，充分利用自己的聪明才智和奇思妙想，最终实现了自己的梦想。其实，野生动物摄影和其他职业没有任何区别，幸福绝不可能唾手可能。你自己必须奋力拼搏，才能获得幸福。即使是谷歌这样的大公司，每位员工必须从全国的精英中脱颖而出，才能享受公司免费提供的精美食物、瑜伽课以及近一个小时的按摩。

不管你从事什么职业，只有积极努力，才能实现目标，获得满足感。如果你在工作中采取观望的态度，奢望目标能够自动达成，梦想能够奇迹般地实现，那么，你可有得等了。

不管你在哪里上课，教书育人都应该是一件乐事。不管哪个老师，只要有点追求，就都不想被学生很快忘掉，内心深处都想享受教学。但是，工作中有各种不确定的因素，别人会给你提出很多糟糕的建议，而且让你承担的工作越来越多，责任越来越重，你的想法常常被湮没。此外，即使你积极主动，也不一定能够享受到这种快乐。悲哀的是，教师培训项目往往做得不到位，接受培训的老师没准备好应对真实的社会情况，成为合格的教师。有些学区也好不到哪儿去，他们大多把精力浪费在无关紧要的细节上，这些细节可能确实有点价值，但根本无助于提高教师的效率，提高学生的学习成绩。

如果你听什么信什么，学什么就想用什么，还喜欢跟风，那么你的事业之路会很漫长，很艰难。如果一个老师每次听到有点价值的东西就想在教学中应用，那他们面临的压力最大、最不快乐，最容易产生换职业的想法。他们想做到100%，但这100%会不断膨胀，要做的事情越来越多，越来越多。要想快乐高效，关键是关注真正重要的那20%就可以了。

内特·雅兰纽瓦就是这样。六年前，他是个保险销售员，为了逃离商业界无意义的激烈竞争，他投身教育，梦想着能够像罗宾·威廉所写的《死亡诗社》中的约翰·基汀一样，激励学生“把握今天”。他梦想着能够激励下一代，满足自己追求学术的热情。他梦想着在假期能够无忧无虑地度假，和家人共度美好的时光。

他原本就知道教书不是一件容易的事情，但是，他压根没有想到工作时间会这么长，要承受这么大的压力，他的精神都要崩溃了。学生远比他想象的更有挑战性：不遵守纪律、不专心听讲、没有学习动力，他为此苦苦挣扎。他发现自己总爱生气，动不动就扯开嗓子大喊大叫，他以前发誓坚决不要做这样的老师，但他惊讶地发现自己竟然真的变成了这样的人。

最让他沮丧的是，他迫切地想把渊博的知识教给学生，却不知道该怎么讲课。最糟糕的是，当老师以后，他的家庭生活也受到了影响。他经常在晚上和周末改作业、备课，躺在床上仍辗转反侧，思来想去，想找出解决课堂问题的办法。在和妻子以及两个孩子相处的时候，他的脾气很暴躁。后来他甚至开始考虑重操旧业，相对来说，卖保险的日子反倒更安宁些。教书没有给他带来快乐，反倒成了他怨恨的源头。

内特联系我的时候，他几乎已经是强弩之末，快要撑不住了。在三节辅导课中，我给他讲解了本书的全部内容。我们谈到，要学会拒绝，要简化课程，以缩短备课时间；要通过理清思路，转移责任，影响学生，让他们自觉学习，自觉遵守纪律，这样可以改善学生的行为；要开发一些能够激发学生学习动力的课程，让他能够像约翰·基汀和杰西卡·门多萨一样。我们还谈到了想象练习、即兴发挥、讲故事等技巧以及如何减轻压力，按时回家，做一个让家长、同事和领导都尊重、敬佩的老师。

和我辅导过的很多老师一样，每次上课，内特都会抑制不住情绪，拿着面巾纸擦眼泪。一旦人们可以说出自己的感受，并且意识到事情已经糟糕到了极点，哭泣并不意外，他流泪是因为他希望上帝能够听到他的祈祷。老师们每个星期都被各种信息狂轰乱炸，看了前面十章的内容，每位老师都能够学会把没用的信息过滤掉，把注意力集中在真正对课堂有用的事情上。内特之所以会垂下头，擦眼泪，是因为我没让他做更多事情，反而建议他少做一些。

在最后一次辅导课结束后，看着内特离开，我感到很难过。和很多老师一样，内特激情澎湃，知识渊博，但就是不知道该怎么教学生。然而，我确定，走出门的内特现在已经掌握了技巧，可以去开创他梦想的事业。他现在懂策略，也会用巧劲，不但可以对学生产生终生的影响，而且（几乎）可以享受教书的每一刻。同时，他现在有时间陪伴深爱的家人，甚至还可以培养一两个新的爱好。可以的话，在他做出改变后的头几个星期，我很想站在他身边来见证这些奇迹。

通常，客户在三四周后会再约我做一次咨询。在这次后续的咨询课程中，我不过是重申之前说过的话，让他们放宽心。这本书中所提到的习惯是全球最伟大、卓越的教师的共性，但你必须付诸实践，必须在教学中应用才行。你必须把没用的东西过滤掉，重新评估你所做的工作，听从本书的建议。机会就在那里，你必须抓住它。

几周后，内特又联系了我，听上去他特别兴奋。尽管一开始他走错了几步，但现在，他热爱自己的工作，善于激励学生，有更多时间陪伴家人，他的梦想终于实现了。

按照这本书详细描写的快乐习惯来教课，你用不着忽略某部分课程内容，不会不按时完成布置的任务，也用不着偏离教学计划。养成这些好习惯，你就能变得更专注，不管要求你用什么教学大纲，学习材料，你都能吸收消化。养成这样的好习惯后，你就奠定了坚持的基础。不管你在哪个学区教学，不管你教几年级，不管你教什么科目，你都能高效地完成教学任务，你的教学会更有意义。养成这些新的习惯后，你就可以鉴别在专业书籍、培训、教职工会议上学到的东西。你就很清楚在课堂上该用什么材料，该怎么用这些材料。

需要注意的是，开始锻炼或者减肥需要强大的意志力，但养成快乐教师的好习惯则不用。在《习惯的力量》一书中，查尔斯·杜希格指出，为了省劲儿，我们的大脑会想办法，自然而然就会养成好习惯。我们会采用阻力最小的办法，会形成一些常规做法来解放思想，从而考虑更重要的事情。

快乐教师的习惯好处不止于此，养成这些好习惯，生活将更容易，效率会更高，你的创造力能充分利用在必要的事情上，而不会浪费在微不足道的小事上。你能把注意力集中在最有影响力的少数几件事上，从而节约体力和精力。所以，养成好习惯要比少吃糖，或者是开始写一本拖了很久的书容易得多。

这些好习惯是老师们拼命想找到的路标，它们指引着你潜心工作，培养新习惯，而不会畏缩后退。多年来，在我指导培训的老师们身上，我一次又一次地看到了这一点。一旦你认识到，快乐教师的习惯对你的个人生活和职业生涯产生了影响，你都不用有意识地去思考，就会下意识地跟着这些习惯走。尝到成功的果实，越来越有成就感，这是最好的防护措施，可以避免你再回到老路上去。但是，你依然需要迈出第一步。

我建议你慢慢开始，按照本书介绍的顺序，一个一个地，逐步培养好习惯。先花几天时间学会拒绝，然后再清理教室。先做好即兴发挥，然后再集中精力学着把责任转移到学生身上。不过，你一定会发现，各个习惯，尤其是涉及备课和讲课的习惯，相互支持，相互强化。不管养成哪个好习惯，你都能改进教学，但是，只有养成所有的好习惯，你才能成为一位卓越的老师。

当你腾出更多时间，更有活力，更享受教书的时候，你会教得越来越好，直到不久的将来，在某一天，你会觉得自己已经成功了：真正理解教育这项工作的内涵，知道如何从海量的信息中筛选有用的东西。你会觉得，自己走进世界上任何一间教室，都能营造出一种积极的学习气氛，让学生乐于参与其中。

然而，在教育界，你肯定不止一次听别人说过，要学的东西太多了，你学得还不够好，学习永无止境，你必须不断学习专业知识和技能，不断扩充自己的知识储备。

毫无疑问，了解外部动态绝对没错，知道那些政客和制定课程大纲的专家意欲何为，没错，清楚研究背景和研究内容，也没错。但是，好老师一辈子都是好老师，优秀的教学经久不衰，不管涌现出什么新潮流，不管要经历多少变化，都不受影响。我在第8章中提到过我的高中英语老师比尔·海德，他现在已经退休了，但我敢肯定，把他放在任何历史时期，他都可以成为一个最了不起，最能激励人的老师。他依然能够让学生们坐得笔直，开心地大笑，认真地学习。

在奥林匹亚考古博物馆，除了铜制头盔、华丽的墙面、雕塑、圆柱和其他珍宝外，还收藏着一个有2000多年历史的健身器材——壶铃，现在人们还用壶铃锻炼身体。现如今，健身产业价值十几亿美元，不断流行新的健身器材，但壶铃却一直很受欢迎。壶铃是用生铁做成的，看起来像炮弹，在顶部有个厚重的把手。壶铃按磅销售，每磅1.5美元，可以在一间小卫生间那么大的区域使用。壶铃可以左右摇摆，可以推拉，也可以推举过头，既可以锻炼体力，也可以锻炼心血管系统。

壶铃可以增强协调性和平衡性，可以锻炼后背和腹部的肌肉力量，还能练出肌肉，燃烧卡路里，降低血压。不管是新手，还是专业人士，都可以使用。而且，因为用壶铃可以做很多不同的动作，还可以旋转，所以，用壶铃锻炼，每天的感觉都不一样。正因为如此高效有用，所以，几个世纪过去了，人们从没有改良过壶铃。

然而，健身产业的产值高达110万美元，每年有成百万的人花钱健身，每个人平均花几百美元，想找到最好的替代品。而健身行业全靠向大众销售昂贵的健身项目和设备，须知，人们根本不需要这些项目和设备，也很少会用到这些东西。

扶手杠课（装在舞蹈演员练功房墙上的练功杠——译者注）、尊巴（一种健身舞——译者注）DVD、跑步机，开发新课程、新项目，使用新技术确实不错，人们也是急于改进教育，我不会因此看不起他们，但最有影响力的是各位老师激励学生的技巧。只要学校老师开心快乐，会管理学生，能够激发学生兴趣，让学生有学习的积极性，要远比新买1000台电脑更有效，比花在人文社科类课程上的时间有没有占到50%或70%影响更深远。

培养快乐教师的习惯，把自己变成一位卓越的老师，其他事情自然会有条不紊地进行。对你来说，教书变得更简单，给学生定的目标更明了。你不会因为要参加专业培训、各种会议、员工会议而失落沮丧，因为养成了新习惯，你将变得心明眼亮，会有一双质疑的耳朵，能够辨识什么才是真正重要的东西。哪怕是课程大纲、课程计划或者其他环节有变化，你养成的好习惯也不受影响。不管是引进全新的阅读项目、数学方法，还是强调基于项目的学习，都不会动摇优秀教学的核心基础。

1900年夏天，摄影师爱德华·柯蒂斯陪伴人类学家、《森林与河流》杂志的主编乔治·伯德·格林内尔到蒙大纳州北部探险，他们希望能够亲眼见证全球最晚被人类知道的太阳舞，这是黑脚部落神圣的宗教仪式。当他们牵着马，达到目的地附近的一个隘口时，他们看到了令人震撼的一幕，而正是这一幕，最终改变了柯蒂斯的人生轨迹。

在他们面前，在谷底的平地上，搭着一千多顶圆锥形帐篷，无数男男女女，老老少少在做着日常琐事，娱乐消遣。接下来的几天，柯蒂斯继续留在那里，亲眼见证了部落人民的力量和尊严。之后，柯蒂斯就下定决心，要赶在北美原住民消失之前，用相机和笔记录下他们的生活方式和传统。

结束这次探险后不久，柯蒂斯给格林内尔写了一封信。在信中，他写道："我虽然很穷，但我很健康，精力充沛，现在我有了奋斗的目标。"接下来整整30年的时间里，他满怀激情，为了自己的目标而奋斗。他的巅峰之作《北美印第安土著人》共20卷，里面有几千张照片和好多页文字，记录了北美80多个部落的生活。等到1930年这本书出版的时候，这些伟大的部落几乎都消亡了，他们为之而生为之而死的传统也几乎消失得无影无踪。

和玛丽娜·卡诺一样，柯蒂斯拍了很多个人肖像。在这成百上千幅人物肖像中，人们穿着最精美的服饰，戴着最精美的头巾与最华美的饰品。看着这些照片，你不禁被这些骄傲的人们所感动。柯蒂斯非常喜欢拍摄的对象，最重要的是，他们高尚的品德熠熠生辉。

他还拍了很多日常生活场景的照片，有打猎、钓鱼、吃饭、织网，还有看孩子等。但是，我最喜欢的一张照片是他抓拍的克罗部落的一位首领。他骑着马，站在山顶，头巾一直垂到脚后跟，他没穿上衣，左手握着弓和几支箭，右手紧紧拉着弦，一支箭搭在弦上，正准备射出，在他的嘴里还叼着一支箭。

这张照片名为《蓄势待发》，就挂在我的客厅里。照片拍得很漂亮，但最先吸引我注意的是这位首领脸上的表情。他的头微微向上抬，眼睛直视着地平线，日光照在他的脸上。他看起来很满足，但同时显得很坚毅，似乎已经下定决心完成自己的使命。我觉得，这幅画代表了爱德华·柯蒂斯和玛丽娜·卡诺，代表了每一个执着地追求自己人生使命的人。这幅画也代表了每天坚持起来，有决心做出改变的每一位老师。

做一名快乐的老师，你不用一直面露微笑，你也需要做出艰难的抉择，也会碰到心碎的时候。做个快乐的老师意味着你的道路很明晰，你掌握的知识和技巧可以对学生的一生产生影响，就像永不褪色的照片一样。做个快乐的老师，除了上课，你还可以有自己的生活，可以建立家庭，培养其他兴趣爱好，晚上在家里享受平静与安宁。

你完全有机会拥有你渴望的教学经历，但这样的机会不可能自己送上门来。没有人会拉着你的手陪伴你，也没有人会来拯救你。你必须自己爬到马背上，目视远方，才能抓住机会。

“常青藤”书系—中青文教师用书总目录

书名	书号	定价
特别推荐——从优秀到卓越系列		
★从优秀教师到卓越教师：极具影响力的日常教学策略	9787515312378	33.80
★从优秀教学到卓越教学：让学生专注学习的最实用教学指南	9787515324227	39.90
★从优秀学校到卓越学校：他们的校长在哪些方面做得更好	9787515325637	59.90
★卓越课堂管理（中国教育新闻网2015年度“影响教师的100本书”）	9787515331362	88.00
名师新经典/教育名著		
最难的问题不在考试中：先别教答案，带学生自己找到想问的事	9787515365930	48.00
在芬兰中小学课堂观摩研修的365日	9787515363608	49.00
★马文·柯林斯的教育之道：通往卓越教育的路径（《中国教育报》2019年度“教师喜爱的100本书”，中国教育新闻网“影响教师的100本书”。朱永新作序，李希贵力荐）	9787515355122	49.80
★如何当好一名学校中层：快速提升中层能力、成就优秀学校的31个高效策略	9787515346519	49.00
★像冠军一样教学：引领学生走向卓越的62个教学诀窍	9787515343488	49.00
像冠军一样教学2：引领教师掌握62个教学诀窍的实操手册与教学资源	9787515352022	68.00
★如何成为高效能教师	9787515301747	89.00
★给教师的101条建议（第三版）（《中国教育报》“最佳图书”奖）	9787515342665	49.00
★改善学生课堂表现的50个方法（入选《中国教育报》“影响教师的100本书”）	9787500693536	33.00
改善学生课堂表现的50个方法操作指南：小技巧获得大改变	9787515334783	39.00
美国中小学世界历史读本 / 世界地理读本 / 艺术史读本	9787515317397等	106.00
美国语文读本1-6	9787515314624等	252.70
和优秀教师一起读苏霍姆林斯基	9787500698401	27.00
快速破解60个日常教学难题	9787515339320	39.90
★美国最好的中学是怎样的——让孩子成为学习高手的乐园	9787515344713	28.00
建立以学习共同体为导向的师生关系：让教育的复杂问题变得简单	9787515353449	33.80
教师成长/专业素养		
精益教育与可见的学习：如何用更精简的教学实现更好的学习成果	9787515368672	59.00
教学这件事：感动几代人的教师专业成长指南	9787515367910	49.00
如何更快地变得更好：新教师90天培训计划	9787515365824	59.90
让每个孩子都发光：赋能学生成长、促进教师发展的KIPP学校教育模式	9787515366852	59.00
60秒教师专业发展指南：给教师的239个持续成长建议	9787515366739	59.90
通过积极的师生关系提升学生成绩：给教师的行动清单	9787515356877	49.00
卓越教师工具包：帮你顺利度过从教的前5年	9787515361345	49.00
★可见的学习与深度学习：最大化学生的技能、意志力和兴奋感	9787515361116	45.00
学生教给我的17件重要的事：带给你爱、勇气、坚持与创意的人生课堂	9787515361208	39.80
★教师如何持续学习与精进	9787515361109	39.00
从实习教师到优秀教师	9787515358673	39.90
像领袖一样教学：改变学生命运，使学生变得更好（中国教育新闻网2015年度“影响教师的100本书”）	9787515355375	49.00
★你的第一年：新教师如何生存和发展	9787515351599	33.80
教师精力管理：让教师高效教学，学生自主学习	9787515349169	39.90
如何使学生成为优秀的思考者和学习者：哈佛大学教育学院课堂思考解决方案	9787515348155	49.90
反思性教学：一个已被证明能让教师做到更好的培训项目（30周年纪念版）	9787515347837	59.90
★凭什么让学生服你：极具影响力的日常教育策略（中国教育新闻网2017年度“影响教师的100本书”）	9787515347554	39.90
运用积极心理学提高学生成绩（中国教育新闻网2017年度“影响教师的100本书”）	9787515345680	59.90
可见的学习与思维教学：成长型思维教学的54个教学资源：教学资源版	9787515354743	36.00

	书名	书号	定价
★	可见的学习与思维教学：让教学对学生可见，让学习对教师可见（中国教育报2017年度“教师最喜爱的100本书”）	9787515345000	39.90
	教学是一段旅程：成长为卓越教师你一定要知道的事	9787515344478	39.00
	安奈特·布鲁肖写给教师的101首诗	9787515340982	35.00
	万人迷老师养成宝典学习指南	9787515340784	28.00
	中小学教师职业道德培训手册：师德的定义、养成与评估	9787515340777	32.00
	成为顶尖教师的10项修炼（中国教育新闻网2015年度“影响教师的100本书”）	9787515334066	49.90
★	T. E. T. 教师效能训练：一个已被证明能让所有年龄学生做到最好的培训项目（30周年纪念版）（中国教育新闻网2015年度“影响教师的100本书”）	9787515332284	49.00
	教学需要打破常规：全世界最受欢迎的创意教学法（中国教育新闻网2015年度“影响教师的100本书”）	9787515331591	45.00
	给幼儿教师的100个创意：幼儿园班级设计与管理	9787515330310	39.90
	给小学教师的100个创意：发展思维能力	9787515327402	29.00
	给中学教师的100个创意： 如何激发学生的天赋和特长 / 杰出的教学 / 快速改善学生课堂表现	9787515330723等	87.90
	以学生为中心的翻转教学11法	9787515328386	29.00
	如何使教师保持职业激情	9787515305868	29.00
★	如何培训高效能教师：来自全美权威教师培训项目的建议	9787515324685	39.90
	良好教学效果的12试金石：每天都需要专注的事情清单	9787515326283	29.90
★	让每个学生主动参与学习的37个技巧	9787515320526	45.00
	给教师的40堂培训课：教师学习与发展的最佳实操手册	9787515352787	39.90
	提高学生学习效率的9种教学方法	9787515310954	27.80
★	优秀教师的课堂艺术：唤醒快乐积极的教学技能手册	9787515342719	26.00
★	万人迷老师养成宝典（第2版）（入选《中国教育报》“2010年影响教师的100本书”）	9787515342702	39.00
	高效能教师的9个习惯	9787500699316	26.00
	课堂教学/课堂管理		
★	像行为管理大师一样管理你的课堂：给教师的课堂行为管理解决方案	9787515368108	59.00
	差异化教学与个性化教学：未来多元课堂的智慧教学解决方案	9787515367095	49.90
	如何设计线上教学细节：快速提升线上课程在线率和课堂学习参与度	9787515365886	49.00
	设计型学习法：教学与学习的重新构想	9787515366982	59.00
	让学习真正在课堂上发生：基于学习状态、高度参与、课堂生态的深度教学	9787515366975	49.00
	让教师变得更好的75个方法：用更少的压力获得更快的成功	9787515365831	49.00
	技术如何改变教学：使用课堂技术创造令人兴奋的学习体验，并让学生对学习记忆深刻	9787515366661	49.00
	课堂上的问题形成技术：老师怎样做，学生才会提出好的问题	9787515366401	45.00
	翻转课堂与项目式学习	9787515365817	45.00
★	优秀教师一定要知道的19件事：回答教师核心素养问题，解读为什么要向优秀者看齐	9787515366630	39.00
	从作业设计开始的30个创意教学法：运用互动反馈循环实现深度学习	9787515366364	59.00
	基于课堂中精准理解的教学设计	9787515365909	49.00
	如何创建培养自主学习者的课堂管理系统	9787515365879	49.00
	如何设计深度学习的课堂：引导学生学习的176个教学工具	9787515366715	49.90
	如何提高课堂创意与参与度：每个教师都可以使用的178个教学工具	9787515365763	49.90
	如何激活学生思维：激励学生学习与思考的187个教学工具	9787515365770	49.90
	男孩不难教：男孩学业、态度、行为问题的新解决方案	9787515364827	49.00
★	高度参与的线上线下融合式教学设计：极具影响力的备课、上课、练习、评价项目教学法	9787515364438	49.00
★	跨学科项目式教学：通过“+1”教学法进行计划、管理和评估	9787515361086	49.00
	课堂上最重要的56件事	9787515360775	35.00
★	全脑教学与游戏教学法	9787515360690	39.00

书名	书号	定价
深度教学：运用苏格拉底式提问法有效开展备课设计和课堂教学	9787515360591	49.90
一看就会的课堂设计：三个步骤快速构建完整的课堂管理体系	9787515360584	39.90
如何有效激发学生学习兴趣	9787515360577	38.00
如何解决课堂上最关键的9个问题	9787515360195	49.00
多元智能教学法：挖掘每一个学生的最大潜能	9787515359885	39.90
探究式教学：让学生学会思考的四个步骤	9787515359496	39.00
课堂提问的技术与艺术	9787515358925	49.00
如何在课堂上实现卓越的教与学	9787515358321	49.00
基于学习风格的差异化教学	9787515358437	39.90
如何在课堂上提问：好问题胜过好答案	9787515358253	39.00
高度参与的课堂：提高学生专注力的沉浸式教学	9787515357522	39.90
让学习变得有趣	9787515357782	39.00
如何利用学校网络进行项目式学习和个性化学习	9787515357591	39.90
基于问题导向的互动式、启发式与探究式课堂教学法	9787515356792	49.00
如何在课堂中使用讨论：引导学生讨论式学习的60种课堂活动	9787515357027	38.00
如何在课堂中使用差异化教学	9787515357010	39.90
如何在课堂中培养成长型思维	9787515356754	39.90
每一位教师都是领导者：重新定义教学领导力	9787515356518	39.90
教室里的1-2-3魔法教学：美国广泛使用的从学前到八年级的有效课堂纪律管理	9787515355986	39.90
如何在课堂中使用布卢姆教育目标分类法	9787515355658	39.00
如何在课堂上使用学习评估	9787515355597	39.00
7天建立行之有效的课堂管理系统：以学生为中心的分层式正面管教	9787515355269	29.90
积极课堂：如何更好地解决课堂纪律与学生的冲突	9787515354590	38.00
设计智慧课堂：培养学生一生受用的学习习惯与思维方式	9787515352770	39.00
追求学习结果的88个经典教学设计：轻松打造学生积极参与的互动课堂	9787515353524	39.00
从备课开始的100个课堂活动设计：创造积极课堂环境和学习乐趣的教师工具包	9787515353432	33.80
老师怎么教，学生才能记得住	9787515353067	48.00
多维互动式课堂管理：50个行之有效的方法助你事半功倍	9787515353395	39.80
智能课堂设计清单：帮助教师建立一套规范程序和做事方法	9787515352985	49.90
提升学生小组合作学习的56个策略：让学生变得专注、自信、会学习	9787515352954	29.90
快速处理学生行为问题的52个方法：让学生变得自律、专注、爱学习	9787515352428	39.00
王牌教学法：罗恩·克拉克学校的创意课堂	9787515352145	39.80
让学生快速融入课堂的88个趣味游戏：让上课变得新颖、紧凑、有成效	9787515351889	39.00
如何调动与激励学生：唤醒每个内在学习者（李希贵校长推荐全校教师研读）	9787515350448	39.80
合作学习技能35课：培养学生的协作能力和未来竞争力	9787515340524	59.00
基于课程标准的STEM教学设计：有趣有料有效的STEM跨学科培养教学方案	9787515349879	68.00
如何设计教学细节：好课堂是设计出来的	9787515349152	39.00
15秒课堂管理法：让上课变得有料、有趣、有秩序	9787515348490	49.00
混合式教学：技术工具辅助教学实操手册	9787515347073	39.80
从备课开始的50个创意教学法	9787515346618	39.00
中学生实现成绩突破的40个引导方法	9787515345192	33.00
给小学教师的100个简单的科学实验创意	9787515342481	39.00
老师如何提问，学生才会思考	9787515341217	49.00
教师如何提高学生小组合作学习效率	9787515340340	39.00
卓越教师的200条教学策略	9787515340401	49.90
中小学生执行力训练手册：教出高效、专注、有自信的学生	9787515335384	49.90

	书名	书号	定价
	从课堂开始的创客教育：培养每一位学生的创造能力	9787515342047	33.00
	提高学生学习专注力的8个方法：打造深度学习课堂	9787515333557	35.00
	改善学生学习态度的58个建议	9787515324067	36.00
★	全脑教学（中国教育新闻网2015年度“影响教师的100本书”）	9787515323169	38.00
★	全脑教学与成长型思维教学：提高学生学习力的92个课堂游戏	9787515349466	39.00
★	哈佛大学教育学院思维训练课：让学生学会思考的20个方法	9787515325101	59.90
	完美结束一堂课的35个好创意	9787515325163	28.00
	如何更好地教学：优秀教师一定要知道的事	9787515324609	49.90
	带着目的教与学	9787515323978	39.90
★	美国中小学生社会技能课程与活动（学前阶段/1-3年级/4-6年级/7-12年级）	9787515322537等	215.70
	彻底走出教学误区：开启轻松智能课堂管理的45个方法	9787515322285	28.00
	破解问题学生的行为密码：如何教好焦虑、逆反、孤僻、暴躁、早熟的学生	9787515322292	36.00
	13个教学难题解决手册	9787515320502	28.00
★	让学生爱上学习的165个课堂游戏	9787515319032	39.00
	美国学生游戏与素质训练手册：培养孩子合作、自尊、沟通、情商的103种教育游戏	9787515325156	49.00
	老师怎么说，学生才会听	9787515312057	39.00
	快乐教学：如何让学生积极与你互动（入选《中国教育报》“影响教师的100本书”）	9787500696087	29.00
★	老师怎么教，学生才会提问	9787515317410	29.00
★	快速改善课堂纪律的75个方法	9787515313665	39.90
★	教学可以很简单：高效能教师轻松教学7法	9787515314457	39.00
★	好老师可以避免的20个课堂错误（入选《中国教育报》“影响教师的100本图书”）	9787500688785	39.90
★	好老师应对课堂挑战的25个方法（《给教师的101条建议》作者新书）	9787500699378	25.00
★	好老师激励后进生的21个课堂技巧	9787515311838	39.80
★	开始和结束一堂课的50个好创意	9787515312071	29.80
	好老师因材施教的12个方法（美国著名教师伊莉莎白“好老师”三部曲）	9787500694847	22.00
★	如何打造高效能课堂	9787500680666	29.00
	合理有据的教师评价：课堂评估衡量学生进步	9787515330815	29.00
	班主任工作/德育		
★	北京四中8班的教育奇迹	9787515321608	36.00
★	师德教育培训手册	9787515326627	29.80
	中小学教师职业道德培训手册：师德的定义、养成与评估	9787515340777	32.00
★	好老师征服后进生的14堂课（美国著名教师伊莉莎白“好老师”三部曲）	9787500693819	39.90
	优秀班主任的50条建议：师德教育感动读本（《中国教育报》专题推荐）	9787515305752	23.00
	学校管理/校长领导力		
	如何构建积极型学校	9787515368818	49.90
	卓越课堂的50个关键问题	9787515366678	39.00
	如何培育卓越教师：给学校管理者的行动清单	9787515357034	39.00
★	学校管理最重要的48件事	9787515361055	39.80
	重新设计学习和教学空间：设计利于活动、游戏、学习、创造的学习环境	9787515360447	49.90
	重新设计一所好学校：简单、合理、多样化地解构和重塑现有学习空间和学校环境	9787515356129	49.00
	让樱花绽放英华	9787515355603	79.00
	学校管理者平衡时间和精力的21个方法	9787515349886	29.90
	校长引导中层和教师思考的50个问题	9787515349176	29.00
	如何定义、评估和改变学校文化	9787515340371	29.80
	优秀校长一定要做的18件事（入选《中国教育报》“2009年影响教师的100本书”）	9787515342733	39.90

书名	书号	定价
学科教学/教科研		
中学古文观止50讲：文言文阅读能力提升之道	9787515366555	59.90
完美英语备课法：用更短时间和更少材料让学生高度参与的100个课堂游戏	9787515366524	49.00
人大附中整本书阅读取胜之道：让阅读与作文双赢	9787515364636	59.90
北京四中语文课：千古文章	9787515360973	59.00
北京四中语文课：亲近经典	9787515360980	59.00
从备课开始的56个英语创意教学：快速从小白老师到名师高手	9787515359878	49.90
美国学生写作技能训练	9787515355979	39.90
《道德经》妙解、导读与分享（诵读版）	9787515351407	49.00
京沪穗江浙名校名师联手教你：如何写好中考作文	9787515356570	49.90
京沪穗江浙名校名师联手授课：如何写好高考作文	9787515356686	49.80
人大附中中考作文取胜之道	9787515345567	39.80
人大附中高考作文取胜之道	9787515320694	49.90
人大附中学生这样学语文：走近经典名著	9787515328959	49.90
四界语文（入选《中国教育报》2017年度"教师喜爱的100本书"）	9787515348483	49.00
让小学一年级孩子爱上阅读的40个方法	9787515307589	39.90
让学生爱上数学的48个游戏	9787515326207	26.00
轻松100 课教会孩子阅读英文	9787515338781	88.00
情商教育/心理咨询		
9节课，教你读懂孩子：妙解亲子教育、青春期教育、隔代教育难题	9787515351056	39.80
学生版盖洛普优势识别器（独一无二的优势测量工具）	9787515350387	169.00
与孩子好好说话（获"美国国家育儿出版物（NAPPA）金奖"）	9787515350370	39.80
中小学心理教师的10项修炼	9787515309347	36.00
别和青春期的孩子较劲（增订版）（入选《中国教育报》"2009年影响教师的100本书"）	9787515343075	39.90
100条让孩子胜出的社交规则	9787515327648	28.00
守护孩子安全一定要知道的17个方法	9787515326405	32.00
幼儿园/学前教育		
中挪学前教育合作式学习：经验·对话·反思	9787515364858	79.00
幼小衔接听读能力课	9787515364643	33.00
用蒙台梭利教育法开启0～6岁男孩潜能	9787515361222	45.00
德国幼儿的自我表达课：不是孩子爱闹情绪，是她/他想说却不会说！	9787515359458	59.00
德国幼儿教育成功的秘密：近距离体验德国学前教育理念与幼儿园日常活动安排	9787515359465	49.80
美国儿童自然拼读启蒙课：至关重要的早期阅读训练系统	9787515351933	49.80
幼儿园30个大主题活动精选：让工作更轻松的整合技巧	9787515339627	39.80
美国幼儿教育活动大百科：3-6岁儿童学习与发展指南用书 科学 / 艺术 / 健康与语言 / 社会	9787515324265等	600.00
蒙台梭利早期教育法：3-6岁儿童发展指南（理论版）	9787515322544	29.80
蒙台梭利儿童教育手册：3-6岁儿童发展指南（实践版）	9787515307664	33.00
自由地学习：华德福的幼儿园教育	9787515328300	49.90
赞美你：奥巴马给女儿的信	9787515303222	19.90
史上最接地气的幼儿书单	9787515329185	39.80
教育主张/教育视野		
重新定义学习：如何设计未来学校与引领未来学习	9787515367484	49.90
教育新思维：帮助孩子达成目标的实战教学法	9787515365848	49.00
学习是如何发生的：教育心理学中的开创性研究及其实践意义	9787515366531	59.90
父母不应该错过的犹太人育儿法	9787515365688	59.00

	书名	书号	定价
	如何在线教学：教师在智能教育新形态下的生存与发展	9787515365855	49.00
	正向养育：黑幼龙的慢养哲学	9787515365671	39.90
	颠覆教育的人：蒙台梭利传	9787515365572	59.90
	如何科学地帮助孩子学习：每个父母都应知道的77项教育知识	9787515368092	59.00
	学习的科学：每位教师都应知道的99项教育研究成果（升级版）	9787515368078	59.90
	学习的科学：每位教师都应知道的77项教育研究成果	9787515364094	59.00
	真实性学习：如何设计体验式、情境式、主动式的学习课堂	9787515363769	49.00
	哈佛前1%的秘密（俞敏洪、成甲、姚梅林、张梅玲推荐）	9787515363349	59.90
	基于七个习惯的自我领导力教育设计：让学校育人更有道，让学生自育更有根	9787515362809	69.00
	终身学习：让学生在未来拥有不可替代的决胜力	9787515360560	49.90
	颠覆性思维：为什么我们的阅读方式很重要	9787515360393	39.90
	如何教学生阅读与思考：每位教师都需要的阅读训练手册	9787515359472	39.00
	成长型教师：如何持续提升教师成长力、影响力与教育力	9787515368689	48.00
	教出阅读力	9787515352800	39.90
	为学生赋能：当学生自己掌控学习时，会发生什么	9787515352848	33.00
	如何用设计思维创意教学：风靡全球的创造力培养方法	9787515352367	39.80
	如何发现孩子：实践蒙台梭利解放天性的趣味游戏	9787515325750	32.00
	如何学习：用更短的时间达到更佳效果和更好成绩	9787515349084	49.00
	教师和家长共同培养卓越学生的10个策略	9787515331355	27.00
★	如何阅读：一个已被证实的低投入高回报的学习方法	9787515346847	39.00
★	芬兰教育全球第一的秘密（钻石版）（《中国教育报》等主流媒体专题推荐）	9787515359922	59.00
	世界最好的教育给父母和教师的45堂必修课（《芬兰教育全球第一的秘密》2）	9787515342696	28.00
★	杰出青少年的7个习惯（精英版）	9787515342672	39.00
	杰出青少年的7个习惯（成长版）	9787515335155	29.00
★	杰出青少年的6个决定（领袖版）（全国优秀出版物奖）	9787515342658	49.90
★	7个习惯教出优秀学生（第2版）（全球畅销书《高效能人士的七个习惯》教师版）	9787515342573	39.90
	学习的科学：如何学习得更好更快（入选中国教育网2016年度“影响教师的100本书”）	9787515341767	39.80
	杰出青少年构建内心世界的5个坐标（中国青少年成长公开课）	9787515314952	59.00
★	跳出教育的盒子（第2版）（美国中小学教学经典畅销书）	9787515344676	35.00
	夏烈教授给高中生的19场讲座	9787515318813	29.90
★	学习之道：美国公认经典学习书	9787515342641	39.00
★	翻转学习：如何更好地实践翻转课堂与慕课教学（中国教育新闻网2015年度“影响教师的100本书”）	9787515334837	32.00
★	翻转课堂与慕课教学：一场正在到来的教育变革	9787515328232	26.00
	翻转课堂与混合式教学：互联网+时代，教育变革的最佳解决方案	9787515349022	29.80
	翻转课堂与深度学习：人工智能时代，以学生为中心的智慧教学	9787515351582	29.80
★	奇迹学校：震撼美国教育界的教学传奇（中国教育新闻网2015年度“影响教师的100本书”）	9787515327044	36.00
★	学校是一段旅程：华德福教师1-8年级教学手记	9787515327945	49.00
★	高效能人士的七个习惯（30周年纪念版）（全球畅销书）	9787515360430	79.00

您可以通过如下途径购买：

1. 书　　店：各地新华书店、教育书店。
2. 网上书店：当当网（www.dangdang.com）、天猫（zqwts.tmall.com）、京东网（www.jd.com）。
3. 团　　购：各地教育部门、学校、教师培训机构、图书馆团购，可享受特别优惠。

　购书热线：010-65511272 / 65516873

可见的学习与思维教学

让教学对学生可见，让学习对教师可见

ISBN：978-7-5153-4500-0
作者：[美]玛丽·凯·里琪
定价：39.90元

★ 获《中国教育报》"2017年教师喜爱的100本书"奖；获中国教育新闻网"2017年影响教师的100本书"奖。

★ 将全美备受追捧的"成长型思维模式"运用课堂教学的权威指南；

★ 成长型思维教学打造真正的因材施教、回应式课堂。

内容简介：本书运用著名心理学专家卡罗尔·德韦克创造的"思维模式"理论于课堂教学实践中，既有心理学、脑科学、思维训练等专业知识，又有注重差异化、回应式课堂的建构式教学系统，以及可应用的成长型思维模式塑造方法、任务和建议，更有大量图表、计划模板等教学工具，教师可以充分参考或直接使用。以生动的案例和实践步骤，将可运用的成长型思维教学技巧娓娓道来，破解思维能力培养难题，为学生学习和成长寻找到了"捷径"。

全书用科学的理论和具体可行的操作建议引领教师接受成长型思维模式；针对学生核心素养培养的教育目标，教师重新审视课堂，改变思维方式，明确教学的思维航向，在课堂教学、师生关系、学校氛围中，打造出学生智力、行为、学习与思维方式的创新教学模式；培养学生成长型思维方式，改变学生对自身能力和潜力的固定思维，从失败中学习，不断挑战自我，认定努力和困难能创造新的神经元连结，让大脑越来越聪明，最终成为具备极强学习能力，保持学习热情，主动追求卓越，自信健康的优秀学生。

英国“以学生需求为中心”的
课堂管理 / 教学法系列

风靡全球教育界的“五彩书” | 深受200多万教师推崇和追捧

[英] 罗博 · 普莱文　著

7天成功的课堂管理，
让教与学直接“变现

第一分钟抓住注意力，
无聊课堂变“欢乐天堂”

助力小组合作，
掌握持久、可迁移的理解式学习

专治“问题学生”，
课堂管理“行为工具包”

让每1次对话都积极、
互动、有意义，
管理有成效

从备课开始，
到上课、说课、做课，
做一个魔法教师